北京大学语文教育研究丛书
北京大学语文教育研究所"课堂内外科研基金"资助项目

语文课改调研报告

YUWEN KEGAI
DIAOYAN BAOGAO

温儒敏 蔡可 主编

北京大学出版社
PEKING UNIVERSITY PRESS

图书在版编目(CIP)数据

语文课改调研报告/温儒敏,蔡可主编.—北京:北京大学出版社,2014.1

(北京大学语文教育研究丛书)

ISBN 978-7-301-23474-7

Ⅰ.①语… Ⅱ.①温…②蔡… Ⅲ.①语文课-课程改革-研究报告-中小学 Ⅳ.①G633.302

中国版本图书馆 CIP 数据核字(2013)第 273423 号

书　　　名：	语文课改调研报告
著作责任者：	温儒敏　蔡　可　主编
责任编辑：	艾　英
标准书号：	ISBN 978-7-301-23474-7/G・3742
出版发行：	北京大学出版社
地　　　址：	北京市海淀区成府路 205 号　100871
网　　　址：	http://www.pup.cn　新浪官方微博:@北京大学出版社
电子信箱：	pkuwsz@126.com
电　　　话：	邮购部 62752015　发行部 62750672　出版部 62754962
	编辑部 62756467
印　刷　者：	北京大学印刷厂
经　销　者：	新华书店
	650mm×980mm　16 开本　13.25 印张　210 千字
	2014 年 1 月第 1 版　2014 年 1 月第 1 次印刷
定　　　价：	30.00 元

未经许可,不得以任何方式复制或抄袭本书之部分或全部内容。

版权所有,侵权必究

举报电话：010-62752024　电子信箱：fd@pup.pku.edu.cn

目　录

内蒙古自治区中小学语文教师现状调查研究 ············ 王朝霞/1
　报告一　内蒙古自治区小学语文教师现状调查报告 ················ 1
　　一、调查对象与方法 ·· 1
　　二、调查结果与分析 ·· 3
　　三、结论与建议 ··· 10
　报告二　内蒙古自治区初中语文教师现状调查报告 ··············· 12
　　一、问题的提出 ··· 12
　　二、调查对象与方法 ··· 13
　　三、调查结果与分析 ··· 13
　　四、结论与建议 ··· 21
　报告三　内蒙古自治区高中语文教师现状调查报告 ··············· 24
　　一、问题的提出 ··· 24
　　二、调查对象与方法 ··· 24
　　三、调查结果与分析 ··· 26
　　四、结论与建议 ··· 32

青海省中学语文教学状况及改革研究 ················ 赵成孝/35
　一、综述 ··· 36
　二、中学语文教学的现状 ·· 39
　三、阅读与师资教育调查 ·· 63

北京市中学语文教师阅读状况调查报告 ·············· 张　杰/70
　一、调研目的与方法 ·· 70
　二、调研结果与分析 ·· 72
　三、结论与建议 ··· 83

四川省少数民族地区义务教育阶段学生汉语阅读能力现状分析
——以凉山州为例的调查研究　　靳　彤　张期梦/87
一、问题的提出　87
二、有关概念界定　88
三、研究方法　89
四、结果与分析　92
五、结论与建议　110

普通高中语文新课程选修课的调查与研究　　王土荣/116

义务教育新课程实施状况调研
——以县域为中心的考察　　蔡　可/131
一、新课程实施条件落后性的表现　132
二、实施主体局限性的表现　141
三、对义务教育新课程实施的若干政策建议　147

中学语文教材编写研究　　顾之川/153
一、研究的背景　153
二、研究的主要目标和内容　154
三、研究的过程　156
四、研究的成果　157
五、研究获得的主要观点　158
六、尚待进一步研究的问题　160

附录一　编写意图与教材结构　162
一、编写意图与主要特点　163
二、教材结构与主要内容　165
三、教学资源与选用情况　169

附录二　选修课程的设计意图　170
一、指导思想　170
二、编写意图　171
三、课程设置意图与结构　174

中学语文与中国现代文学 ················· 吴福辉/182
　一、具体选题的适当调整 ·························· 182
　二、调查问卷的一般统计 ·························· 184
　三、可供讨论的问题及我们的观点 ·················· 195
　四、关于现代文学当代性及入选语文教材存在问题的研究 ··· 206

内蒙古自治区中小学语文教师现状调查研究

王朝霞

报告一 内蒙古自治区小学语文教师现状调查报告

内蒙古地区小学语文科师资状况调查研究旨在了解内蒙古地区小学语文教师的年龄、学历、职称和性别等基本结构是否合理,其所具备的语文教育专业素养及在新观念下开展语文教育教学活动的状况,其接受继续教育、从事教学科研等专业成长情况。

内蒙古地区的小学课程改革,除乌海市海勃湾区之外,其余皆始于2002年秋季。做调查时新教材的使用已有六年之久。因内蒙古地区地域广阔,我们的调查样本涉及内蒙古东部以及中西部的城市、县城、乡镇、牧区小学,以便较为全面地了解全区语文教师的课程改革认识和专业发展现状。

一、调查对象与方法

(一)调查对象的基本情况

问卷调查共涉及内蒙古呼伦贝尔市、赤峰市、锡林郭勒盟、兴安盟、乌兰察布市、呼和浩特市、包头市、乌海市、鄂尔多斯市地区的城市小学、县城小学、乡镇小学以及农牧区的小学共59所,其中城市蒙古族小学3所,牧区小学5所。共发放问卷1190份,回收问卷983份,其中有效问卷679份,有效率为69.07%。问卷调查结果采用SPSS软件进行统计、处理。被试的基本情况见表1。

表1　抽样地区小学语文教师的基本情况

		人数	百分比(%)
性别	男	92	13.5
	女	587	86.5
教龄	5年以下	126	18.6
	5—10年	132	19.4
	11—15年	161	23.7
	16—20年	112	16.5
	21年以上	148	21.8
职称	特级教师	13	1.9
	高级教师	399	58.8
	一级教师	202	29.8
	二级教师	65	9.5
学历①	中专	451/14	66.4/2.1
	大专	184/298	27.2/43.8
	本科	43/361	6.3/53.2
	硕士研究生	1/6	0.1/0.9
学校地域	城市	291	42.9
	旗县	303	44.6
	乡镇、牧区	85	12.5

另外，我们还对语文教师兼任班主任的情况做了调查。679位语文教师中，566人兼任班主任工作，占83.4%，没有兼任班主任工作的仅为16.6%。

---

① 本栏中斜线前的数字为第一学历及所占比例；斜线后的数字为现学历及所占比例。

（二）调查方法

1. 问卷调查

在访谈与参考相关研究的基础上，我们有针对性地编制了问卷，并在语文教师继续教育培训班上进行了试测，在此基础上修订了问卷。问卷共25题，题型有单选题、多选题、排序题和开放式问题，包括语文教师的基本情况、对新课程改革的态度和认识、对语文教学的认识、对自我发展的看法和对职前培养的看法五个方面。

2. 个别访谈

针对调查问卷的不足，进一步拟定了访谈提纲，有针对性地对不同类型学校的语文教师和部分地区的教研员进行了访谈。一方面是对问卷中已获得的信息进一步调查了解，另一方面是补充问卷中未获得的信息。对个别访谈的答案进行了认真的整理与分析。

3. 课堂观察

本研究还运用了现场观察的方法。有针对性地选择了一些小学，进入语文课堂观察教师的教学行为，同时利用教育实习的机会深入课堂。通过观察和一定的参与观察，判断语文教师的教学理念与语文教学实践是否一致，获取真实的语文课堂教学信息。

4. 个案研究

选择第一批进入新课程改革的乌海市海勃湾光明路小学、经济飞速发展的鄂尔多斯市的东胜七小以及作为包头师范学院教育实习基地的包头市青山区文学道小学作为研究个案。通过课堂观察、座谈、定期的网络论坛，持续关注语文教师对语文课程改革的认识、自身的学习和教学实践以及进行科研的现状。

二、调查结果与分析

（一）小学语文教师对新课程改革认识的调查结果与分析

问卷设计了7个单选题、2个多选题、2个排序题以了解内蒙古地区小学语文教师对新课程改革的态度和认识。调查结果详见表2至表4。

表2 语文教师对新课程改革了解度的调查结果

	非常了解		基本了解		了解甚少		根本不了解	
	人数	百分比	人数	百分比	人数	百分比	人数	百分比
对《基础教育课程改革纲要(试行)》的主要内容	106	15.6	468	68.9	90	13.2	15	2.2
对《语文课程标准》	244	35.9	401	59.1	31	4.6	3	0.4

表3 语文教师对新课程改革了解渠道的调查结果

了解渠道	市、区县教研活动	学校教研活动	各种媒体	继续教育	培训
人数	102	270	166	82	59
百分比	15.0	39.8	24.4	12.1	8.7

调查结果表明:1.小学语文教师对《基础教育课程改革纲要(试行)》的主要内容"非常了解"和"基本了解"的占84.5%;对《语文课程标准》"非常了解"和"基本了解"的占95%(详见表2)。对于新课程改革进展及动态,通过各类教研活动了解的占54.8%;通过媒体了解的占24.4%;通过各类培训了解的占20.8%(详见表3)。2.语文教师对于正在实施的小学语文课程改革"有信心"的占80.7%,"缺乏信心"的占12.5%。对于自己的业务能力比较自信,认为自己的业务能够适应新课程改革的教师占86.9%,仅有13.1%的教师认为适应新课程改革需要提高自己的业务能力(详见表4)。

表4 语文教师对新课程改革信心的调查结果

题目	选项	人数	百分比
您对新课程改革的态度?	有信心	548	80.7
	缺乏信心	85	12.5
	无所谓	26	3.9
	其他	20	2.9

(续 表)

题目	选项	人数	百分比
您认为自己的业务能力能否适应新课程改革？	完全适应	224	33.0
	基本适应	366	53.9
	有待提高	89	13.1

分析上述结果，我们可以看出，小学语文教师通过学校的教研活动、媒体等渠道，对新课程改革有所了解；对正在实施的语文新课程改革充满信心，认为自己的教学能力能够基本适应新课程改革。

在访谈中我们了解到：大部分教师认为应该实施课程改革，但是又担心课程改革流于形式。有的老师认为语文课堂是比过去活跃了，但流于形式的东西多了，淹没了语文的主体，忽视了基础知识教学，使学生出现了学习不扎实的现象，同时产生了一些走形式的教师学习活动，加重了教师的负担。也有一些教师认为现在新课程强调"合作学习，自主探究"，合作有了，自主探究也有了，这些为认真、积极学习的学生提供了充分展示自己的舞台；但有些学习习惯不好、懒于动脑的学生尝到了甜头，更加依赖他人、懒于动脑，于是班级里就出现了两极分化，先进生特别优秀，综合能力强；后进生连最基础的内容都没有掌握。但总的来看，小学语文教师是赞同课程改革的，也期待着更适合小学课程改革的相关政策出台以更好地指导小学教学实践。

(二) 小学语文教师对教学认识的调查结果与分析

内蒙古地区的小学语文教师对语文教学有着怎样的认识，又是怎样看待自己的教学呢？问卷调查结果显示：

1. 在回答"您认为在课程改革中语文教学最有必要坚持的传统"这一问题时，80.9%的教师选择了"重视'双基'训练"；11.3%的教师选择了"重视知识讲授"；其他两个选项仅占7.8%（详见表5）。

表5　关于课改中最有必要坚持的语文教学传统的调查结果

	重视"双基"训练	重视考试评价	重视知识讲授	其他
人　数	549	28	77	25
百分比	80.9	4.1	11.3	3.7

2. 在设置"您感觉在语文教学中自己有信心做到的"这一问题时,提供了六个选项,按照重要程度排列,结果是:激发学生的学习兴趣＞转变学生的学习方式＞教学基本功扎实,驾驭课堂自如＞合理评价学生＞专业知识丰富,对学生的学习指导有效＞引进丰富的教学资源。小学语文教师对自我教学的信心度调查详见表6。

表6　关于自我教学的信心度的调查结果

内容	激发学生的学习兴趣	转变学生的学习方式	合理评价学生	教学基本功扎实,驾驭课堂自如	专业知识丰富,对学生的学习指导有效	引进丰富的教学资源
人　数	596	450	425	420	337	303
百分比	87.8	66.3	62.6	61.9	49.6	44.6

3. 对"你认为影响教学效果的因素按重要程度依次排列"这一问题,调查结果是:学生人数,管理难度＞专业知识＞学生原有的知识技能基础＞教学态度＞表达能力＞课堂组织能力＞教学方法。

分析上述结果,结合访谈和语文课堂教学观察所得,我们可以看出:

第一,小学语文教师普遍觉得应重视"双基"训练,重视基础知识的掌握。有的老师认为"忽略基础知识的掌握去谈学生的综合素质,是舍本逐末的做法"。一方面,小学语文教师认为教师拥有丰富的专业知识是非常重要的,把拥有丰富的专业知识看作是影响语文教学效果的第二大因素。另一方面,他们认为在语文教学中,学生拥有的知识技能同样占据着重要的地位,把"学生原有的知识技能基础"列为影响教学效果的第三大因素。在访谈中,我们了解到绝大多数语文教师认为除了要具备相应的教学技能之外,还应该具备较深厚的专业语文素养,对教材的文学知识应有较深的挖掘,以提高学生的文学素养。但也有一部分老师认为目前语文教师的工作负担较重,在新的语文课改面前有时很盲目,理解和使用新课标时,达不到预期的效果,也不能将过去的教学经验和新理念较好地结合。

第二,小学语文教师对激发学生的学习兴趣是最有信心的。大部分教师认为本次课程改革感受较深的是师生关系越来越融洽,在教学中采用师生合作、生生合作的探究式学习,把转变学生的学习方式作为教学的重要组成部分。我们知道积极倡导自主、合作、探究的学习方式是新课程改革的核心,可见这一理念已深入到很多小学语文老师的心中。

第三,小学语文教师在寻找教学效果不佳的原因时,外归因的思维方式占主导地位。学生人数多、管理难度大这一因素被放在重要位置。访谈时,有老师谈到:从教以来,教材不断更新,变化太大、太快,思想认识转变有些跟不上变化的速度,对课程、教法无法实施。对学生的管理、教材的把握、师生的关系也处理得不好。

第四,新课程改革改变了传统教育的束缚,打破了学科间的界限,打通了课堂学习和课外学习的界限,这就需要老师们具有更开阔的视野、更广博的知识,以便在课堂上给学生提供丰富的教学资源。但在这一点上老师们普遍感到力不从心,准备各类资料占去了工作的大部分时间。因此在教学实践中老师们把"引进丰富的教学资源"排在了最后一位,是最没有信心做到的。

(三) 语文教师对自我专业发展认识的调查结果与分析

在问卷中,我们通过多选题和排序题调查了两方面的情况:一是小学语文教师在教学工作之余阅读、写作以及专业交往等情况,二是教师对自我专业发展的认识。调查结果如下:

1. 语文教师工作之余读写情况的调查结果

在回答"除教科书和教师用书之外,您经常阅读的书刊是什么"这一问题时,按照选项的集中度排列的结果是:语文教学期刊＞网上资料＞文学作品＞教育学、心理学等教育理论书刊＞汉语言文学类学术专著＞其他书籍。

在回答"除教学计划、教学方案之外,您还写作什么"这一问题时,按照选项的集中度排列的结果是:教学总结＞教学后记＞读书笔记＞下水作文＞学术论文＞文学创作。

调查显示,语文教师"与同行保持教学、科研方面的交流沟通"按照数量排列是:同年级组的教师＞本校的语文教师＞本地的教研员＞外校同学科教师＞网络论坛同行＞大学或科研机构的人员。

从上述调查结果我们可以看出,语文教师工作之余所阅读的主要是与语文教学有关的教学资源,所写的也主要是学校要求的教学总结;语文教师的专业交往也局限于本校,很少与其他小学的同行、本地的教研员交流,与大学和研究机构人员的交往则更少。

访谈中部分教师认为:小学教师的阅读量太小,缺少指导学生阅读的能力;教师的写作能力不高。语文教师当前面临的最大问题是没有读书的条件。其一是假期中需要参加一些培训,看书的时间很少。其二是缺少可看的书籍。所以老师们看得较多的是语文教学期刊,而较少看教育书籍和汉语言文学类学术专著。

2. 语文教师对专业发展认识的调查结果

(1) 语文教师认为"有助于迅速提高自身教学水平的教研活动方式",按照选项集中程度排列,结果是:有专业人员和名师指导＞做课、说课、评课＞自我反思＞专业知识的讲座＞进行课题研究＞其他(详见表7)。

表7 关于有助于迅速提高自身教学水平的教研活动方式的调查结果

选项	人数	百分比
A. 做课、说课、评课	466	68.6
B. 专业知识的讲座	343	50.5
C. 自我反思	452	66.6
D. 有专业人员和名师指导	522	76.9
E. 进行课题研究	290	42.7
F. 其他	60	8.8

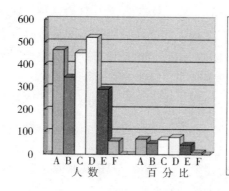

（2）"语文教师应具备的能力"按照重要程度排列，结果是：综合运用专业知识及相关学科知识的能力＞科研能力＞自我反思、自我监控能力＞交流、沟通、协调能力＞教学组织能力＞语言表达能力。

表8　关于语文教师应具备的能力的调查结果

选项	人数	百分比
A.综合运用专业知识及相关学科知识的能力	350	51.5
B.教学组织能力	218	32.1
C.语言表达能力	198	29.1
D.交流、沟通、协调能力	244	35.9
E.科研能力	308	45.4
F.自我反思、自我监控能力	274	40.4

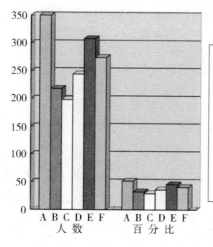

(3) 语文教师"赞同的培训形式"依次是:观摩优秀教师的课堂教学并与专家、优秀教师对话、交流＞课题式培训＞阶段式培训＞脱产集中式培训＞专家专题讲座＞体验式培训＞读书分享＞学校间结成学习共同体＞远程培训＞主题沙龙式培训＞网上论坛。

(4) 语文教师已参加过的培训按照选项的集中度依次为:校本培训＞任职资格培训＞学历培训＞骨干教师培训＞专题研讨会＞其他培训。

综合分析上述四项调查结果,结合访谈以及语文教师的基本情况,可以看出内蒙古地区小学语文教师的现状。

第一,经过学历补偿教育,大部分教师的学历已经达标,第一学历中专学历占到66.4%,而经过后期学历的学习,大专和本科毕业的分别占到了43.8%和53.2%,中专降到了2.1%。目前的培训以提升语文教师的整体素质与科研能力为主。

第二,渴望得到专家的指导,渴望观摩优秀教师的课堂教学并与之对话,渴求知识。

第三,意识到自我反思对专业发展的重要性。关于这一点,我们还可以从对"有助于迅速提高自身教学水平的教研活动方式"和"语文教师应具备的能力"的调查结果中得到印证。

第四,对网络在专业发展中的作用认识不足。参与网上论坛和远程教育的培训方式并不多,在赞同的培训方式中,这两种培训方式也排在最后。

三、结论与建议

(一) 小学语文教师要以积极的心态投身于教学改革

在调查中,我们发现绝大多数小学语文教师学历已达标,专科和本科学历的教师共占97%,还有少数教师达到了研究生学历;职称也较高,特级、小教高级教师共占60.7%。这从一个方面表明内蒙古地区小学语文教师素质在整体上得到提高。因本次课程改革对教师提出了更高的要求,访谈中有老师说:"经过几年的课改,让我感受到了语文教学中永远有学不完的知识,提醒我要提高自身的业务水平。"教师角色转变,从过去的"一言堂"到现在做学生学习的引路人。从实际教学中我们确实看到了教师教学观念的改变,注重培养学生的学习能力,例如采用小组合作方式,培养学生的合作能力和探究能力。正如有的老师所说,现在的教材有利于培养学生从多种渠道查找资料的能力;有利于学生知识多元化,扩展知识面;有利于学生培养自主学习语文的热情。

也有老师认为:评价与课程相脱节,尽管有新课程改革,但社会上评价教师、评价学生的依然是分数,许多能力的培养不是分数能看出效果来。这让老师很困惑。语文教师在教学改革过程中会遇到一些客观的阻力,但我们每位老师要坚信教学改革的方向是正确的,应该以积极的心态投身到课程改革中去,充分发挥个人的聪明才智,为教学改革尽自己的一份力量。

(二) 拓宽学习渠道,加强专业知识的学习,提升文化素养

在调查中,我们还发现,虽然绝大多数小学语文教师的学历已经达标,但多数老师是通过寒暑假的短期函授获得专科和本科学历的,由于学习时间短,对教育教学的相关理论知识没有很好地理解和吸收,尤其在专业知识的学习方面更显得薄弱。从现行的新教材来看,新课文增加的幅度较大,有些课文是第一次出现在教材中,因而老师们的原有知识就需要更新。这一方面靠老师自己平时加强学习,通过网络、报刊、图书馆等多种渠道获得丰富的知识,以提高自己的文化素养;另一方面教育行政部门应该为老师们提供各种更多更好的培训,聘请专家、名师进行有效的指导,以解决老师们在教学改革中遇到的各种疑惑和困难。

在访谈中我们了解到老师们对教学改革有着极大的热情,非常渴望从专家、名师那里学到迅速提高教学水平的"高招"。当然专家、名师们的讲座会在一定程度上起到指导教学的作用,但要想这样的指导真正有效还是需要做一些踏踏实实的工作,还是需要老师们从研究教学开始。国内外大量优秀教师的成长过程证明:教师的专业成长非走踏踏实实的路不可。所以说一线的老师们在实践中要拓宽学习渠道,积累丰富的教育教学理论知识,加强实践和理论的有机结合,以保证更好的教学效果。

（三）各学校根据实际情况，重视校本研究

我们在调研中发现一些学校的校本研究很有特色，老师们的教学热情也很高。如有的学校安排课前三分钟的口语训练，学生在口语表达、心理素质等方面都得到了较好的锻炼；1—6年级学生根据课本单元内容从词、句、段、篇开展训练，提高学生的语文能力。也有部分老师反映课标的要求过高，实施起来比较困难。对这一点我们也要有明确的认识，现在强调在生活中学语文，那么我们就要处理好教材和实际教学的关系，在教学中发挥自己的特长和智慧，努力做到教师教得生动，学生学得有趣。应该说校本研究和探索为老师们提供了无限广阔的空间。

我们在调研中还发现由于受到一些条件的限制，学校的教研活动、校本研究主要限于本校，与外校共同开展教研、科研活动的机会较少。为了更好地促进教学改革，学校之间可以结为友好学校，结为发展共同体，互派教师，以促进教师的共同成长。

报告二 内蒙古自治区初中语文教师现状调查报告

一、问题的提出

作为一个地处祖国西北部边陲、区域辽阔、多民族聚居的少数民族自治区，在新一轮基础教育课程改革中，语文教师队伍的整体素质、参与程度和状态、教学理念及教学实践，在很大程度上制约或促进着内蒙古自治区基础教育的发展。

为此，我们以内蒙古自治区初中语文教师队伍的基本情况、初中语文教师对新课程改革的态度和认识以及在新课程改革背景下开展语文教育教学活动的状况为主要调研内容，进行了问卷调查、访谈和课堂观察，并对搜集来的数据进行分析、研究，以求获得更有效的信息，从而为内蒙古地区初中语文教师队伍的建设以及基础教育课程改革的推进提供参考。

二、调查对象与方法

（一）调查对象

调查在内蒙古自治区东部、中部、西部地区选取了城市重点、普通中学、旗县中学以及乡镇、牧区等不同类型的学校，对43所初中进行了问卷调查。共发放问卷730份，回收539份，回收率为73.84%；回收问卷中有效问卷351份，有效率为65.12%。问卷调查结果采用SPSS软件进行统计、处理。

（二）调查方法

1. 问卷调查。在参考各省相关资料，广泛听取部分参与教改的学校领导和教师意见的基础上编制问卷。问卷分单选题、多选题、排序题和开放式问题。

2. 个别访谈。针对问卷调查的不足，进一步拟定访谈提纲，有针对性地对不同类型学校的语文教师进行访谈，对访谈内容进行分析、研究，并结合量性研究，以求更全面了解情况，做出科学合理的分析与研究。

3. 课堂观察。为了获取真实的课堂教学信息，判断课程改革中教师教学理念和教学行为的真实情况，有针对性地选择包头市、乌海市、乌兰察布市、锡林郭勒盟等地的市、县、乡各一所学校听课，进行现场观察和诊断。

三、调查结果与分析

（一）调查对象的基本情况

调查对象中31.91%的教师为男性，68.09%的教师为女性；其中，63.53%的语文教师兼任班主任工作。教师的教龄，5年以上的最多，占81.48%；5年以下的较少，占18.50%；21年以上的最少，仅占15.10%。教师的地区分布，城市占37.32%，旗县占54.42%，乡镇牧区占8.26%。教师的专业职称，达到中教一级的教师最多，约占整个教师队伍的39.89%；其次是高级教师，占26.21%；中教二级教师较少，占4.27%；

特级教师最少,仅占整个教师队伍的1.14%。教师的第一学历偏低,中专、大专学历教师占77.2%;但现在中专学历教师由原来的17.66%减少为0,大专学历教师由原来的59.54%减少到现在的14.25%,而本科学历人数由原来的22.51%增长为84.05%,硕士研究生由原来的0.29%增长到现在的1.76%,学历合格率为100%。有正式编制的专职教师占内蒙古初中语文教师队伍的主体,比例为88.32%(详见表9)。

表9　初中语文教师队伍的基本情况

内　容		人　数	百分比(%)
性别	男/女	112/239	31.91/68.09
班主任	是/否	223/128	63.53/36.47
职称	特级/高级/一级/二级	4/92/140/15	1.41/26.21/39.89/4.27
教龄	5年以下	65	18.52
	5—10年/11—15年/16—20年	116/65/52	33.05/18.52/14.82
	21年以上	53	15.10
第一学历	中专/大专/本科/研究生	62/209/79/1	17.66/59.54/22.51/0.29
第二学历	中专/大专/本科/研究生	0/50/295/6	0/14.25/84.05/1.76
地区分布	城市/旗县/乡镇	131/191/29	37.32/54.42/8.26
编制	有正式编制的专职教师	310	88.32
	有正式编制的兼职教师	9	2.56
	无正式编制的聘任教师	21	5.98
	无正式编制的代课教师	11	3.13

(二)初中语文教师对新课程改革的态度和认识

1.初中语文教师对国家教育部2001年颁布的《基础教育课程改革纲要(试行)》的主要内容"非常了解"和"基本了解"所占的比例分别为13.39%和63.82%,"了解甚少"和"根本不了解"所占的比例分别为18.80%和4.0%;对《全日制义务教育语文课程标准(实验稿)》的主要内容"非常了解"和"基本了解"所占的比例分别为27.92%和

61.82%,"了解甚少"和"根本不了解"所占的比例分别为8.26%和1.99%(详见表10)。

表10 语文教师对新课程改革了解度的调查结果

了解内容	非常了解		基本了解		了解甚少		根本不了解	
	人数	百分比	人数	百分比	人数	百分比	人数	百分比
《基础教育课程改革纲要(试行)》	47	13.39	224	63.82	66	18.80	14	4.0
《全日制义务教育语文课程标准(实验稿)》	98	27.92	217	61.82	29	8.26	7	1.99

2. 对于新课程改革进展和动态,通过各类教研活动了解的占45.02%,通过媒体了解的占27.07%,通过继续教育了解的占16.24%,通过专门培训的仅占11.68%(详见表11)。

表11 语文教师对新课程进展和动态的了解渠道

渠道	市区县教研活动	学校教研活动	各种媒体	继续教育	专门培训
人数	54	104	95	57	41
百分比	15.39	29.63	27.07	16.24	11.68

可见,内蒙古自治区初中语文老师了解新课程动态的渠道比较零散,再加上一学期学校教研活动数量有限,有时流于形式,区县级以上的教研活动绝大部分老师参与不上,因而关于课改的信息老师们所知零零散散,根本没有系统的认知;只有部分老师通过专门培训了解课改动态,竟有88.32%的老师根本没有接受过关于新课改实施及发展动态的系统培训。

3. 对语文课程改革信心度的调查结果,回答"有信心"的占62.39%,"缺乏信心"的占22.79%,"无所谓"的占7.98%,"其他"的占6.84%;业务能力与课改的适应度的调查结果显示,26.50%的教师认为自己的业务能力完全适应课程改革的需要,53.28%的教师认为自己的业务能力基本适应课程改革的需要,20.23%的教师认为为了适应课程改革的需要还需提高自己的业务能力。

(三)初中语文课程改革实施情况

1. 对于语文课程标准提出的教学理念,教师们认可程度大致均衡。

表12 语文教师认同的理念的调查结果

内容(排序)	数量(人)	百分比(%)
教师应创造性地理解和使用教材	133	37.89%
不宜刻意追求语文知识的系统和完整	91	25.93%
语文教学应在师生平等对话的过程中进行	85	24.22%
积极倡导自主合作探究的学习方式	85	24.22%
要综合利用多种评价方式,考试只是评价方式之一	77	21.94%
减少对学生写作的束缚,鼓励自由表达、有创意地表达	83	23.66%
在教学中要重视培养整体把握的能力	66	18.80%

从表12可以看出,教师们对课程标准提倡的教学理念的认可程度没有大的差别,可以视为表示了一种小心的赞同。排序为:教师应创造性地理解和使用教材＞不宜刻意追求语文知识的系统和完整＞语文教学应在师生平等对话的过程中进行＞积极倡导自主合作探究的学习方式＞减少对学生写作的束缚,鼓励自由表达、有创意地表达＞要综合利用多种评价方式,考试只是评价方式之一＞在教学中要重视培养整体把握的能力。在访谈中,教师们表示"考什么教什么"、"创造性地理解"是不现实的,因为标准答案依据的是教师教学用书。

2. 对于当前语文课程改革实施过程中存在的问题,教师们的回答按照选项的集中度排列的结果是:评价体系与课改不同步＞关于新课程的培训不能满足教师的实际需要＞课程理念距离教学实际较远,难以操作＞教材内容新鲜但脱离学生实际(见表13)。

表13 语文教师对当前语文课程改革存在问题的看法

看法(多选)	数量(人)	百分比(%)
新课程的培训不能满足教师的实际需要	231	65.8%
评价体系与课改不同步	243	69.23%
课程理念距离教学实际较远,难以操作	202	57.55%
教材内容新鲜但脱离学生实际	165	47%

3. 初中语文教师在课改实施过程中遇到的困难

（1）对"在语文新课程改革中自己面临的困难"的问题,教师的回答按照选项的集中度排列的结果是:不熟悉新课程内容＞不善于组织合作式、探究式学习＞不知道怎样才能将新课程理念转化为教学实践＞不清楚怎样开发课程资源＞不能将过去的教学经验和新理念较好地结合。

表14 语文教师在课程改革中面临的困难

内容(排序)	数量(人)	百分比(%)
不熟悉新课程内容	177	50.43%
不善于组织探究式合作式学习	124	35.33%
不知道怎样才能将新课程理念转化为教学实践	119	33.9%
不清楚怎样开发课程资源	97	27.64%
不能将过去的教学经验和新理念较好地结合	85	24.22%

（2）在回答"是否有计划地开展语文综合性学习"时,有96.58%的教师回答"有";"在开展综合性学习过程中遇到的主要困难",教师们的回答按照选项的集中度排列的结果是:相关课程资源有限＞教学任务繁重,指导无法到位＞学生掌握知识有限＞学生合作意识差。

综合性学习是语文学科的课程内容,其实质是学生自主学习的活动过程和实践探究过程。96.58%的初中语文教师认识到综合性学习对于培养学生探究能力和实践创新能力的重要作用,因而能在实践中自觉地、有计划地开展语文综合性学习。但是在实施过程中遇到诸多困难:最主要的是相关课程资源缺乏;其次是教师教学任务繁重,根本没有更多时间和精力指导学生;再加上学生知识积累不够,家庭经济贫困和文化意识淡薄,学校的办学条件差,给学生提供的可利用的学习资源有限甚至没有,因而很多教师"心有余而力不足"。

4. 初中语文教师对学生语文学习进行评价的主要方式,采用最多的依然是期中期末考试、平时测验及月考等传统形式,而对新课程倡导的形成性评价、定性评价和评价主体多元化等评价方式在实践中运用得较少。

表15 对学生语文学习进行评价的主要方式

方式(多选)	测验	月考	期中期末考试	档案袋	同学互评	描述性评语
数量(人)	273	248	310	62	130	130
百分比(%)	77.78%	70.66%	88.34%	17.66%	37.04%	37.04%

(四)初中语文教师自身的学习与发展

1. 初中语文教师认为有助于提高自身教学水平的教研活动方式,按照选项的集中度排列的结果是:有专业人员和名师指导＞自我反思＞做课,说课,评课＞专业知识的讲座＞进行课题研究(见表16)。

表16 有助于提高自身语文教学水平的教研活动方式

内容(多选)	数量(人)	百分比(%)
做课,说课,评课	228	64.96%
专业知识的讲座	214	60.97%
自我反思	230	65.53%
有专业人员和名师指导	245	69.8%
进行课题研究	154	43.87%
其他	32	9.12%

2. 初中语文教师赞同的继续教育培训形式,按照选项的集中度排列的结果是:观摩优秀教师的课堂教学并与专家、优秀教师对话交

流＞阶段式培训＞课题式培训＞脱产集中式培训＞专家专题讲座＞体验式培训＞学校间结成学习共同体。而对于远程培训、网络论坛、主题沙龙及读书分享则不大赞同。

表17　语文教师赞同的继续教育培训形式的调查结果

内容(多选)	数量(人)	百分比(%)
观摩优秀教师的课堂教学并与专家、优秀教师对话交流	206	58.69%
阶段性培训	158	45.01%
课题式培训	144	41.03%
主题沙龙式培训	77	21.94
体验式培训	120	34.19%
阶段性培训＋主题沙龙式培训	74	21.08%
网上论坛	68	19.37%
远程培训	82	23.36%
学校之间结成学习共同体	100	28.49%
读书分享活动	77	21.94%
专家专题讲座	132	37.6%
脱产集中式培训	138	39.34%

3. 初中语文教师参加过的继续教育与培训依次为：校本培训＞任职资格培训＞学历培训＞骨干教师培训＞专题研讨会。教师们认为有助于迅速提高自身语文教学水平的教研活动方式是有专业人员和名师指导，他们最赞同的培训形式是观摩优秀教师的课堂教学并与专家及优秀教师对话交流。但是实际情况却是一线教师工作环境相对封闭；调查显示教师参加过的培训最多的是校本培训，其次是为了评职称必须接受的任职资格培训，很少有人走出校门，与外界交流学习的机会；教师教学科研交流最多的是本校的教师，仅有31.05%的教师和当地教研员有过交流沟通；教师最希望的通过专家名师的指导交流提升自己业务水平的机会却最少，与教师大学或研究机构人员保持教学、科研方面交流沟通的教师仅占9.69%。

4. 除了教科书和教师教学用书之外,教师经常阅读的除了文学作品之外,最多的是网上资料,可见教师们已认识并享受到了丰富的网络资源为教学带来的便捷;其次,教师经常阅读语文教学期刊,可见教师的阅读针对性很强,更多地是为了教学的需求,为了提升自己的教学能力。教师经常写作的是教学总结,其次是教学后记与读书笔记,较少写作下水作文与学术论文,表明教师反思教学的意识较强。教师平时的工作是辛苦的,寒暑假的主要时间是用来读书和参加短期培训,初中教师尚能保证较充分的休息(见表18至表20)。

表18 "除了教科书和教师教学用书之外,您经常阅读＿＿＿?"

内容(多选)	数量(人)	百分比(%)
语文教学期刊	235	66.95%
文学作品	269	76.64%
汉语言文学类学术专著	119	33.9%
网上资料	245	69.8%
教育学、心理学等教育理论书刊	102	29.06
其他	84	23.93%

表19 "除了教学计划教学方案之外,您还写作的是＿＿＿?"

内容(多选)	数量(人)	百分比(%)
教学后记	240	68.38%
教学总结	299	85.19%
下水作文	96	27.35%
读书笔记	216	61.54%
学术论文	132	37.61%
文学创作	51	14.53%

表20 "寒暑假,您主要忙于____?"

内容(多选)	数量(人)	百分比(%)
参加短期培训	206	58.69%
读书	257	73.22%
充分休息	164	46.7%
外出开会	21	5.98%
参加提高学历层次的学习	114	32.48%
大部分时间用来补课	31	8.83%
其他	84	23.93%

四、结论与建议

（一）内蒙古自治区拥有一支学历达标、编制较为合理、业务能力基本适应课程改革的初中语文教师队伍，这为内蒙古初中语文课程改革的顺利推行提供了有力的师资保障。但教师地域分布不合理，城市、旗县学校不缺教师，甚至超编，而乡镇、牧区急缺教师。我们在走访中发现兼职教师和聘用教师多数集中在乡镇和牧区，城乡教育不平衡，制约了课改在内蒙古地区的全面铺开。教师性别结构不均衡，女性明显占优势，不利于学生心理、人格的全面发展。教师的教龄结构有缺陷，21年以上教龄的教师相对偏少，而从教师的专业成长来看，这批教师恰恰是处于成熟期的最具教学经验和教学智慧的教师；40岁以上的教师比例在25%以上，他们的教龄基本在20—30年之间，这部分教师虽然能熟练地完成教学任务，但缺乏突破和创新意识。因此，教育行政管理部门在经济投入和师资调配中更要偏重乡镇和牧区，在政策和待遇上给予这些地区的学校和教师以更多优惠，自治区师范大学在学生职业教育和就业指导中应教育和鼓励师范生走向基层，支边支教，在政策和待遇上加大优惠力度；在教师队伍的建设上应关注教师队伍的性别结构，在入职标准、福利待遇、社会地位等方面采取一定的措施，以吸引优秀的男性从事教师工作；要关注年轻教师的业务素质的提升，激发中老年教师的创新意识。

（二）新课程的培训不能满足课改教师的实际需要，指导的实效性不够。内蒙古自治区初中语文教师了解新课程改革动态的渠道比较零散，而且地处少数民族区域，相对偏僻落后，信息闭塞；各地区教研室对教师的集中培训大多流于形式；许多学校办学经费紧张，有些领导课改意识不强，派教师外出学习的机会不多，校本培训又缺少师资和条件，难以实施；专家的培训偏重理论的指导，对课程改革的实践性操作指导较少，缺少针对性、系统性、实用性。所以，在实施中部分教师不知道怎样有效地组织合作式、探究式学习，不知道怎样才能将新课程理念转化为教学实践，不清楚怎样开发课程资源。因此，教研室对课改培训的形式和内容应进行相应调整，使培训的内容更贴近教师实际，从宏观理论到微观实践，少一些集中讲授，多一些现场观摩，少一些理论的讲授，多一些实践指导性的讨论与研究，加强教学理念在实践中转化的方法指导，多组织一些区属教学观摩课或跨区研讨课，给不同学校的教师提供交流、学习、研讨的平台；各级学校的领导应适当加大培训支出，给教师提供外出学习观摩的机会，并且充分利用校本资源，组织课改探讨课等教研活动形式来提高教师的自我课改意识和课改能力；自治区高等师范院校的教育专家应当走出校门，真正把自己的科研切实服务于中学的基础教育改革。

（三）课程资源相对缺乏，制约了课改由理论转化为现实的可行性。课程改革理想的实现，需要相应的配套措施和支持系统，否则，课程改革只能停留在观念层面而不能转化为现实的教育效果。目前我国新课程在很大程度上借鉴了发达地区课程改革的成功经验，在一定程度上有利于发达地区的实施和推行，而内蒙古自治区经济发展水平相对落后，需要较大经济投入的条件性课程资源相对不足。在走访调查以及与教师的座谈中，我们发现城市学校教改资源配置相对先进，但旗县乡镇牧区学校办学经费紧张，教学条件落后：教师用于教学的参考资料少，图书馆的藏书数量有限、内容陈旧，教学光盘、录音磁带等得不到及时更新，多媒体教学条件对于有些偏远地区的老师来说遥不可及，条件相对好些的学校也是全校师生共用一个多媒体教室，想上多媒体课还得排队,以致老师们干脆弃之不用,致使多媒体教室闲置,成为应付上级考核的摆设;很多学生来自贫困家庭,家长文化意识淡薄,很少或根本没有教育投资意识;学校的图书馆又不经常对学生开放,更谈不上利用现代化的网络资源了,学生可利用的学习资源少得可怜,因而新教材中语文综合性学习的内容有的根本无法落实。因此,我们呼吁地方政府在政策上加大对课改学校的扶持力度;教师也应该对语文课程有进行"二次加工"的意识和能力,在教学过程中,要学会结合本地课程资源的具体情况,创造性地使用国家课改新教材,要具备课程开发的素质和技能,发挥内蒙古自治区的本土资源优势,开发利用内蒙古地区独有的自然人文资源(如内蒙古独有的草原风光和草原文化),为教学服务。

(四)评价体系与课改不同步,导致教师从心里欢迎课改,但在实践中却难以落实。我们在调查中发现,以考试为主要方式的终端评价,始终是制约课程改革的瓶颈。内蒙古地区初中语文教师对学生语文学习评价的主要方式依然是平时测验及月考、期中期末考试等传统形式,考试内容过于注重书本知识与解题技巧,忽视学生的全面素质和个体差异,考试评价方法单一,过分注重结果而忽视学生的学习过程;考试评价功能错位,考试后给学生排位,把学生分成三六九等,严重打击学生的学习积极性。不难看出,应试教育的痕迹依然很明显。究其原因,与我们的评价体系密切相关。目前,内蒙古地区的高中招生办法是依据学生初中毕业时的中考成绩,尤其是教育相对发达的呼、包二市,初中学生能否顺利升入理想的重点高中,凭借的就是中考成绩的好坏,平时成绩再好,如果中考失误了,等于前功尽弃。因此,老师、家长、学生普遍认为,中考甚至比高考还残酷,考不上重点高中就意味着考不上重点大学,"一纸成绩定乾坤"的说法并不为过。而上级教育领导部门和老百姓评价学校,主要看的也是学校的升学率,学校领导也把学生的成绩作为教师职称评聘、骨干教师评定、评选先进的重要量化指标。因此,中考、高考体制的保留,使它们依然发挥指挥棒的作用,只要它们仍然保持原来的价值取向,各地教研室、学校领导、教师就不可能真正贯彻落实课改精神。因此,在语文课程改革轰轰烈烈的背后,我们看到的依然是一道道习题、一张张试卷,感受到的依然是那么沉重的升学压力。无怪乎老师们在问卷中这样说:"如果考试体制不改变,对老师、学生的评价方式不改变,课改就不会有多大的变化";"评价体系没有变化,致使教师观念虽更新了,但教学思路只能适应考试方向,新课改理念无法付诸实施"。所以,只有评价体系与课改同步进行,才能够从根本上改变"老师们虽然从心里欢迎课改,但在实践中又难以落实"的局面。有鉴于此,上级教育部门应建立相应的课改发展性评价考核体系来考核学校;学校领导也应制定一套能促进以教师发展为目的的可操作的评价性标准体系来考评教师;教师更应给学生提供适合他们发展的评价平台,注重将形成性评价和终结性评价相结合,建立学校、教师、学生、家长等多元化评价体系,对学生进行客观公正的评价,这样,才会使内蒙古地区的课程改革真正发挥其作用。

报告三 内蒙古自治区高中语文教师现状调查报告

一、问题的提出

本调查自制调查问卷和访谈目录,以内蒙古自治区高中语文教师队伍的现状,对语文教学、教师专业发展和新课程改革的认识为主要内容,进行了实地调查和访谈,并对收集来的数据进行了分析、研究,以求获得更多、更有效的信息,从而为语文教师的专业发展和新课程改革提供更科学、更有针对性的实践依据。

二、调查对象与方法

(一)调查对象的基本情况

本次问卷调查采取随机取样的方式,调查样本涉及内蒙古东部、中部、西部11个盟市的33所高中,其中城市中学、旗县中学和牧区中学比例分别为48%、42%、10%。共发放问卷640份,回收问卷456份,其中有效问卷341份,有效率为74.8%。问卷调查结果采用SPSS软件进行统计、处理。被试的基本情况见表21。

表 21　被调查中学语文教师的基本情况

		人数	百分比(%)
性别	男	114	33.4
	女	227	66.6
教龄	5 年以下	100	29.3
	5—10 年	89	26.1
	11—15 年	70	20.5
	16—20 年	53	15.5
	21 年以上	29	8.5
职称	特级教师	4	1.2
	高级教师	98	28.7
	一级教师	112	32.8
	二级教师	127	37.2
学历①	中专	24/0	7/0
	大专	117/5	34.3/1.5
	本科	199/321	58.4/94.1
	硕士研究生	1/14	0.3/4.1
	博士研究生	0/1	0/0.3
学校地域	城市	154	
	旗县	173	
	乡镇、牧区	14	

(二) 调查方法

1. 问卷调查

在访谈了部分教师的基础上,我们有针对性地编制了问卷,并在假期的培训班上进行了试测,之后又修订了问卷。问卷共 25 题,题型有单选题、多选题、排序题和开放式问题,包括语文教师的基本情况、对新课程改革的态度和认识、对语文教学的认识、对自我发展的看法和对职前培养的看法五个方面。问卷调查共涉及内蒙古海拉尔市、赤峰市、锡

---

① 本栏中斜线前的数字为第一学历及所占比例;斜线后的数字为现学历及所占比例。

林郭勒盟、兴安盟、呼和浩特市、包头市、乌海市、鄂尔多斯市、巴彦淖尔市等东部、中部、西部地区的城市中学、旗县中学、乡镇中学共33所。

2. 个别访谈

针对调查问卷的不足,进一步拟定了访谈提纲,有针对性地对不同类型学校的语文教师进行了访谈。目的有二:一是对问卷中已获得的信息做出深入调查、了解;二是补充问卷中未获得的一些信息。对个别访谈的答案进行了认真的整理与分析,以做质性研究以及量性研究与质性研究结合之用。

3. 课堂观察

本研究还运用了现场观察的方法。有针对性地选择了包头、鄂尔多斯市、乌兰察布市等地的城市、乡镇、牧区各一所中学,进入语文课堂观察教师的教学行为。目的有二:一是获取真实的语文课堂教学信息;二是判断语文教师的教学理念与语文教学实践是否一致。

三、调查结果与分析

(一)高中语文教师对教学认识的调查结果与分析

内蒙古自治区的语文教师对语文教学有着怎样的认识,又是怎样看待自己的教学呢?问卷调查结果显示:

1. 在回答"您认为在课程改革中语文教学最有必要坚持的传统"这一问题时,65.6%的教师选择了"重视'双基'训练";18.7%的教师选择了"重视知识讲授";其他两个选项仅占16.7%(详见图1)。

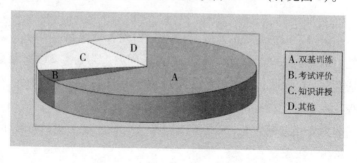

图1 对课改中最有必要坚持的语文教学传统的调查结果

2. 在设置"您感觉在语文教学中自己有信心做到的"这一问题时，提供了六个选项，按照重要程度排列的结果为：激发学生的学习兴趣＞教学基本功扎实，驾驭课堂自如＞专业知识丰富，对学生的学习指导有效＞引进丰富的教学资源＞合理评价学生＞转变学生的学习方式。高中语文教师对自我教学的信心度调查结果见图2。

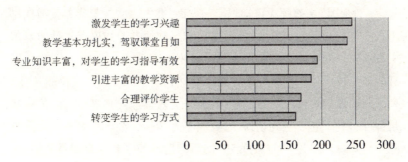

图2 对自我教学的信心度的调查结果

3. "你认为影响教学效果的因素按重要程度依次排列"的调查结果是：学生人数，管理难度＞专业知识＞学生原有的知识技能基础＞教学态度＞课堂组织能力＞表达能力＞教学方法（详见图3）。

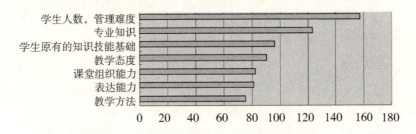

图3 对影响教学效果因素的调查结果

分析上述结果，结合访谈和语文课堂教学观察所得，我们可以看出：

1. 高中语文教师还没有把转变学生的学习方式作为教学的重要组成部分。语文教师更加关注激发学生的兴趣、驾驭课堂、拥有知识等，并且有信心做好这些工作。最没有信心做到的是转变学生的学习方式。众所周知,转变学生的学习方式,积极倡导自主、合作、探究的学习方式,是新课程改革的核心。但是本次调查结果显示,高中语文教师在这一方面最没有信心。对课堂教学的观察也显示高中语文教学仍然以接受式学习为主,教师讲授,学生聆听、做笔记,依旧是目前高中语文教学的常态。

2. 高中语文教师注重知识。一方面,高中语文教师认为教师拥有丰富的专业知识是非常重要的,把拥有丰富的专业知识看作是影响语文教学效果的第二大因素。另一方面,他们认为在语文教学中,学生拥有的知识技能同样占据着重要的地位,把"学生原有的知识技能基础"列为影响教学效果的重要因素;认为语文教学最有必要坚持的传统就是重视"双基"训练。在访谈中,我们了解到绝大多数语文教师更注重陈述性知识,即"是什么"的知识,注重问题的结论和各类题目的答案;对怎样做、怎样做得有效的程序性知识和策略性知识,没有太多关注。

3. 高中语文教师在寻求教学效果不佳的原因时,外归因的思维方式占主导地位。学生人数多,管理难度大,学生原有的知识技能基础等因素被放在重要位置,而教师个人的表达能力、教学态度等因素则被排在不重要的位置上。

4. 管理与教学效果成正比,其作用大于课堂教学。通过访谈我们了解到,大部分教师认为,在中小学(包括高中),管理是取得良好教学效果的重要保证,其作用甚至大于课堂教学。他们认为能够让学生"怕"老师,进而按照老师的意图去学习、做大量的练习,是提高教学效果的关键;仅仅靠教师讲得好吸引学生,是不会有好的教学效果的。为此,被访谈对象还以所在学校语文教师的日常教学情况和高考成绩作为他们观点的佐证。持这种观点的教师非重点中学的多于重点中学。

(二)语文教师对自我专业发展认识的调查结果与分析

在问卷中,我们编制了多选题和排序题向高中语文教师调查了两方面的内容:一是他们在教学工作之余阅读、写作以及专业交往等方面的情况,二是他们对教师专业发展的自我认识。调查结果如下:

1. 语文教师工余读写情况的调查结果

在回答"除教科书和教师用书之外,您经常阅读的书刊是什么"这一问题时,按照选项的集中度排列的结果是:阅读文学作品＞网上资料＞语文教学期刊＞汉语言文学类学术专著＞教育学、心理学等教育理论书刊＞其他书籍。

在回答"除教学计划、教学方案之外,您还写作什么"这一问题时,按照选项的集中度排列的结果是:教学总结＞读书笔记＞教学后记＞学术论文＞下水作文＞文学创作。

调查显示,语文教师"与同行保持教学、科研方面的交流沟通"按照交往数量排列是:本校的语文教师＞同年级组的教师＞网络论坛同行＞外校同学科教师＞本地的教研员＞大学或科研机构的人员。

从上述调查结果,我们可以看出,语文教师工作之余所阅读的主要是与语文教学有关的教学资源,所写的也主要是学校要求的教学总结;语文教师的专业交往也局限于本校,很少与其他中学的同行、本地的教研员交流;与大学和研究机构人员的交往则更少。

访谈中部分教师认为:高中教师的阅读量太小,缺少指导学生阅读的能力;教师的写作能力不高,需要进修学习。还有一些教师直言不讳地说:语文教师当前面临的最大问题是没有读书的条件。其一是缺少时间。假期是教师读书的最佳时期,但被补课完全占用。正常的工作并无"业余"可言。而且,一年到头,流于形式的考试、学习充斥其间。其二是缺少精神层次的需求。目前各高中为了招揽生源,几乎到了不择手段的地步,可是依旧"校校自危",学校的压力就转移到教师头上;教师在巨大的压力下,不敢越雷池一步,不求有功,但求无过,没有勇气创新,没有心思读书。

综上,语文教师工余行为的心理动因主要是出于工作需要,被动因素居多;而主观上为提升自己的业务素养主动学习、交往的因素偏少。客观上,繁重的工作压力使得教师没有充裕的时间读书、写作,拓展学术视野,提高综合素质。

2. 语文教师对专业发展认识的调查结果

(1) 语文教师认为"有助于迅速提高自身教学水平的教研活动方式",按照选项集中程度排列的结果是:有专业人员和名师指导＞自我反思＞专业知识讲座＞做课、说课、评课＞进行课题研究＞其他(详见图4)。

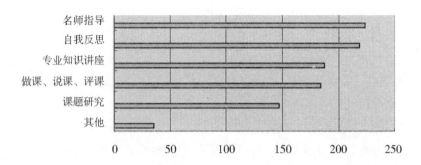

图4 对有助于迅速提高自身教学水平的教研活动方式的调查结果

（2）"语文教师应具备的能力"按照重要程度排列的结果是：综合运用专业知识及相关学科知识的能力＞科研能力＞自我反思、自我监控能力＞交流、沟通、协调能力＞教学组织能力＞表达能力。

（3）语文教师"赞同的培训形式"，按选项集中度排列的结果是：观摩优秀教师的课堂教学并与专家、优秀教师对话、交流＞脱产集中式培训＞课题式培训＞专家专题讲座＞阶段式培训＞体验式培训＞学校间结成学习共同体＞读书分享＞主题沙龙式培训＞网上论坛＞远程培训。

（4）语文教师已参加过的培训按照选项的集中度排列，依次为：校本培训＞任职资格培训＞学历培训＞专题研讨会＞骨干教师培训＞其他培训。

综合分析上述四项调查结果，结合访谈以及语文教师的基本情况，可以看出内蒙古地区高中语文教师：第一，经过学历补偿教育，98.5%的教师学历已经达标。目前的培训以提升语文教师的整体素质与科研能力为主。第二，渴望得到专家的指导，渴望观摩优秀教师的课堂教学并与之对话，渴求知识。第三，意识到自我反思对专业发展的重要性。关于这一点，我们还可以从对"有助于迅速提高自身教学水平的教研活动方式"和"语文教师应具备的能力"的调查结果中得到印证。第四，对网络在专业发展中的作用认识不足。参与网上论坛和远程教育培训的并不多，在赞同的培训方式中，这两种培训方式也排在最后。

(三)高中语文教师对新课程改革认识的调查结果与分析

本课题组进行调查时,内蒙古自治区初中新课程改革已进行了七年,高中新课程改革尚未开始,大多数地区正处于宣传阶段,个别地区已开始培训。

问卷调查结果表明:

1. 语文教师对《基础教育课程改革纲要(试行)》的主要内容"非常了解"和"基本了解"的占58.3%;对《语文课程标准》"非常了解"和"基本了解"的占80%(详见表22)。对于新课程改革进展及动态,通过各类教研活动了解的占35.7%;通过媒体了解的占36.6%;通过各类培训了解的占27.5%(详见表23)。

表22　语文教师对新课程改革了解度的调查结果

	非常了解		基本了解		了解甚少		根本不了解	
	人数	百分比	人数	百分比	人数	百分比	人数	百分比
对《基础教育课程改革纲要(试行)》的主要内容	23	6.7	176	51.6	120	35.2	22	6.5
对《语文课程标准》	47	13.8	226	66.3	63	18.5	5	1.5

表23　语文教师对新课程改革了解渠道的调查结果

了解渠道	市、区县教研活动	学校教研活动	各种媒体	继续教育	培训
人　数	26	96	125	59	35
百分比	7.6	28.1	36.6	17.3	10.2

2. 语文教师对于即将实施的高中语文课程改革"有信心"的占55.1%,"缺乏信心"的占26.9%。对于自己的业务能力比较自信,认为自己的业务能够适应新课程改革的教师占77.3%,仅有22.5%的教师认为为了适应新课程改革需要提高自己的业务能力(详见表24)。

表 24 语文教师对新课程改革信心的调查结果

题目	选项	人数	百分比
您对新课程改革的态度？	有信心	188	55.1
	缺乏信心	92	26.9
	无所谓	32	9.3
	其他	29	8.5
您认为自己的业务能力能否适应新课程改革？	完全适应	91	26.6
	基本适应	173	50.7
	有待提高	77	22.5

分析上述结果，我们可以看出，高中语文教师通过学校的教研活动、媒体等渠道，对新课程改革有所了解；对即将开展的高中语文新课程改革充满信心，认为自己的教学能力能够基本适应新课程改革。

访谈中我们了解到：大部分教师认为应该实施课程改革，但是又担心课程改革流于形式。一些教师认为课堂中积极倡导的自主合作、探究式学习方式与应试教育或多或少有冲突，这样课改容易成为一种形式。老教师虽不善于和学生沟通，但知识积累丰富、应试经验十足，考生的成绩较高，这样也无形中驱使年轻教师改变对新课改的看法，走向语文教学的老路；部分教师对新课改把握不好，将学习任务全交给学生，美其名曰"授之以渔"，轻视教学知识的传授；还有些老师盲目追求"新"而忘了"本"。通过访谈，我们还了解到：城市中学的教师对新课改了解较多，掌握的信息量也较大；偏远的农牧区中学教师对新课改了解很少。

四、结论与建议

（一）高中语文教师要树立正确的教学观。在调查中，我们发现绝大多数高中语文教师学历已达标，本科教师占 98.5%，同时出现约 4% 的硕士和个别博士；职称也较高，中教一级以上教师占 62.8%。这从一个方面表明内蒙古自治区高中语文教师素质在整体上得到提高。他们对自己的教学充满信心;在语文课堂教学中,围绕着高考,重视双基,重视管理。但是即将启动的高中新课程改革,首要的是转变教学理念,把学生作为学习的主体,关键是要转变学生的学习方式。鉴于此,高中语文教师必须树立正确的教学观。

语文教师要转变教学理念,从"知识的传递者"角色转变为"学习方法的指导者"角色,以及"学习动机培育者"角色。① 首先在语文教学实践中,要注重学习方法的指导,不仅要授人以"鱼",更要授人以"渔"。但是这并不意味着放弃教师应尽的"解惑"的教学任务,只是这"惑"的范围更广泛,既有知识上,更有学法上的。首先,要把知识置于真实世界的情境中,建立语文知识与真实世界的关系;其次,要把知识置于自我学习的主体情境中,从自我所拥有的全部知识、经验出发支撑新知识的学习,才能更好地成为有意义的声音。② 再次,要激发学生的学习动机。运用合理设计课堂教学,充分利用学习任务、结果反馈、课堂活动、奖惩等外部诱因,激发学生的学习需要,形成学习期待,进而积极、主动、长期而有效地学习。

(二)高中语文教师要理性认识自我,健康发展。在调查中我们还发现,无内驱力和缺少时间是制约高中教师专业发展的重要因素。一方面,高中语文教师因教学任务重、高考压力大,在主观上没有寻求自我发展的强烈欲望,因此只求平稳、"无过",担心"改革"不成反而出现重大失误,得不偿失。另一方面,繁重的教学、教育工作占据了高中语文教师绝大部分业余时间,客观上没有充裕的时间来读书、反思、交流。"教师负担过重,缺乏自我充电的时间,日常杂事较多;对教学方法和教学研究缺少心静之时。"这种心理和客观情况使得他们在专业发展上产生走捷径的想法,渴望从名家、名师那里学到迅速提高教学水平的"高招",而不是从研究自我教学开始。国内外大量优秀教师的成长过程证明:教师的专业成长非走踏踏实实的路不可。

---

① 钟启泉:《现代课程论》,上海:上海教育出版社,2003年,第534页。
② 郑太年:《知识与其双重情境》,《全球教育展望》2004年第12期,第6—10页。

为此，一方面，高中语文教师要理性地分析自我的教学，不能一味放大外在的客观因素，缩小内在的主观因素。要有积极、主动的合作态度，充分利用当地的人力资源和网络资源，加强学术交往，在交往、互动中提升理论素养；同时还要坚持写教学反思。叶澜曾经说过：一个教师写一辈子教案不一定成为名师，如果一个教师写三年的反思则有可能成为名师。也有学者认为，对教师而言，能否以反思教学的方式化解教学中发生的教学事件，是判别教师专业化程度的一个标志。另一方面，学校也要给高中语文教师"减压"，使之有一定的、可自由支配的时间来阅读语文教育及相关的理论书籍，与同行交流语文教学实践的经验，并坚持做行动研究，才能帮助他们走向专业化发展，逐步成为专家型的教师。

（三）教育行政部门要借鉴经验，新课程培训及实践要注重实效。在调查中我们发现，高中语文教师深刻感受到目前语文教学中的弊端，希望实施课程改革，但是因为内蒙古还没有进入到高中语文新课程改革的实践中，所以，广大教师对高中语文新课程改革的认识停留在感性的、浅表的层面上，而且存在着区域差异。

有鉴于此，在新课程的培训和实践中，教育行政部门要充分借鉴其他省市高中新课改的经验，结合内蒙古的实际情况，一是要在转变教学理念上下功夫，帮助教师深入理解高中语文新课程改革的精神实质，进而化作教学实践的指导思想；二是要依据内蒙古基础教育的实际情况，制订不同的新课程改革培训和实践方案，采取分地区（如基础教育发达的城市、基础教育相对落后的农牧区）、分层次的策略。三是要依据教师的实际情况，有针对性地制订培训内容、方式，确保培训收到实效。四是加强中学校际横向合作，示范校与薄弱校结成共建学校，互派教师；地方教研员要深入学校，了解中学特别是乡镇中学、牧区中学的实际情况；高校和研究机构人员也应深入学校，与高中语文教师合作，组成科研共同体。一方面，研究语文教育、教学，拓展教师视野，帮助他们解决语文新课改实践中出现的问题，提升其教学及科研水平。另一方面，高校和研究机构人员能够获得第一手鲜活的素材，为自身的研究注入源头活水。此外，还可以同其他省市的中学结为友好学校，成为发展共同体，互派教师，共同开展教研、科研活动，以促进教师的共同成长。

青海省中学语文教学状况及改革研究

赵成孝

我国西部省份的教育与东部发达省份相比存在较大的差距,就西部地区而言,发展的程度也不相同。青海省的语文教学在西部地区又处于比较落后的状态,表现在自然条件艰苦,基础教育底子薄,师资力量相对薄弱,与外界交流较少,信息相对闭塞,生源构成中少数民族学生比例较高,少数民族学生学习语文时受本民族母语的影响较大,学校的教学设施相对落后等,这些都使得青海中学语文教学带有自身不同于内地的特点。

本课题选取青海油田一中、循化县中学、青海师大附中及互助县的三所中学进行个案调查,所选学校都有一定代表性。其中青海油田一中和青海师大附中是青海省重点中学,油田一中2002年入选《中国教育报》评选的"中国名校600家",2007年获教育部、人事部共同授予的"全国教育系统先进集体"。两个学校高考升学率在省内始终名列前茅。循化县是我国唯一的撒拉族自治县,由于受经济发展的制约及传统文化观念的影响,基础教育发展始终较慢。互助土族自治县是青海省基础教育的新进县,近两年的高考入学率已经开始赶超传统的强县——乐都。课题组对所选学校的教材使用情况、课堂教学状况、学生对语文课的态度和兴趣、语文课外活动开展和实施状况、学生的课外阅读等展开实地调研,并对青海省师资教育的现状做了调查研究,了解其中的症结所在,摸清存在的问题,供有关方面参考。

青海省的高考录取分数线多年来均居全国倒数第二,仅高于西藏。近年来,高考语文试卷采用的都是全国二卷。据西宁市教研所的刘西平统计,理科考生2006年平均得分92.5,及格率65%,2007年平均得分104,及格率86%,2008年平均得分100.2,及格率80%;文科考生2006年平均得分91,及格率56%,2007平均得分100.9,及格率98%,

2008年平均得分97.7,及格率76%。与先进省份的差距显而易见。针对这种情况,课题组对青海省语文师范教育的现状做了大量调查研究,从师范教育的课程改革、招生情况、在职教师的学历教育等方面入手,对教学计划、教材编写、招生规模等存在的问题做了调查访问,提出了一些意见和建议。

一、综述

(一) 基本情况

到2009年底,青海全省实现"两基"目标的县(市、区、行委)累计达38个,占总县数的82.61%,"两基"人口覆盖率达到94%。义务教育保障机制提标扩面成效显著,普及与巩固水平进一步提高,布局调整稳步推进。

2009年,全省共有初中学校324所(其中职业初中1所),比上年减少29所。由于大部分地区"五改六"学制已基本完成,加上未"普九"县的义务教育执法力度的加大,初中阶段招生大幅度增加,招生78060人,在校生215029人,毛入学率100.42%。全省初中阶段专任教师13797人,生师比由15.15:1上升至15.59:1。普通初中专任教师学历合格率达98.24%,专任教师中本科及以上学历教师比例达到59.84%,教学仪器设备配置水平有所提高。2009年,全省普通中小学生均仪器设备值分别为561元和240元,分别比上年增加7元和11元。

教育信息化水平明显提高。2009年,小学、普通中学每百名学生拥有计算机台数不断增加,小学由上年的4.11台增加为4.80台,中学由9.72台增加到10.71台。建网学校比例继续提高,2009年,小学建网学校比例为6.01%,比上年提高1.32个百分点,普通中学为38.53%,比上年提高0.85个百分点。

高中阶段教育规模继续扩大,中等职业教育发展迅速,普职结构趋于合理。2009年,全省高中阶段教育(包括普通高中、中等职业学校)共有165所,比上年减少26所;招生68463人,在校生规模达到184158人,比2008年增加8101人,增长4.60%。高中阶段毛入学率67.14%,比上年提高4.14个百分点。其中普通高中126所,比上年减少12所,招生36571人,比上年减少2253人,下降5.8%;在校生达到107783人,比2008年减少357人,下降0.33%。普通高中专任教师由上年的7515人增加到7518人,增加3人,增长0.04%;生师比由上年的14.39:1降低到14.34:1,降低了0.05%。专任教师学历合格率达84.22%,比上年的81.21%提高了3.01%。

(二) 青海教育的特殊性

一是复杂性。按地域及产业结构划分,青海教育有城市教育、农村教育、牧区教育、半农半牧区教育等;按民族划分,青海教育还可以划分为汉族教育和藏、回、土、撒拉、蒙古等少数民族教育。全省宗教类别多,信教群众多。少数民族人口占全省总人口的45.5%,民族自治地区面积占全省总面积的98%以上。加上办学形式、教育内容、教学方法、教学用语等方面的因素,使青海教育呈现出极端复杂的特点。

二是分散性。青海从人口上讲是个小省,但从地域上讲却是个大省。全省3200多所中小学分布在72.23万平方公里的土地上,教育点多、面广、线长,办学难度之大在全国都是少有的。像玉树藏族自治州,人口密度为每平方公里1.36人,平均1472平方公里才有1所小学,22333平方公里才有1所中学,学校的综合服务半径达到几百公里,学校布局的分散性是影响民族教育规模效益的重要因素。同样的教育规模、同样的教育产出,在牧区要比内地消耗更多的教育资源。

三是边远性。青海许多少数民族尤其是藏族(114万),大都居住在离中心城市、经济相对发达地区、交通干线较远的山区和高寒牧区。这就给青海教育的发展带来了四个不利,即:不利于接受中心城市和发达地区经济文化教育的辐射;不利于大中城市对边远地带民族教育的支援;不利于各种人才、物质流向边远地区;不利于现代信息的传递,影响教育的现代化。

四是差异性。由于历史和自然原因,青海教育长期存在着地区之间和民族之间的差异。从全省看,不仅各州县、各民族之间发展不平衡,就是同一地区、同一民族内部的文化教育发展程度也有很大差别。一般说来,农村低于城市,牧区低于农村,青南地区教育水平更为落后。西宁市和海东各县早在2005年均已实现"两基",教育发展接近全国平均水平,而青南牧区许多县基本还停留在普及初等义务教育的低层次上。教师的地区结构、专业结构不尽合理,优秀教师外流现象严重,民族地区尤其是藏区"双语"教师数量少、水平低、培训任务重,教育发展不平衡、不公平问题十分突出。

仅就玉树地区来看,"教师编制数是2003年根据在校人数核编的,在校生为28900人,教师为2578人;2004年实施'两基'攻坚战,在校学生激增为68000人,造成师生比失衡,多数学校为1:35,缺编最严重的地区师生比达1:89。有的乡镇学校公办老师出现断层,校长、教务主任和教师大都由代课老师担任。他们中的一部分教师教学理念落后,专业化水平低,教育教学方法、手段陈旧,教育管理粗放,严重影响并制约着当地教育的发展"。

五是艰巨性。青海省经济总量偏小,2010年GDP为1350.43亿元,全省财政一般预算性收入205亿元。政府投入教育和群众承受教育消费的能力弱,教育投入不足和事业发展的矛盾将会长期存在。全省一市一地和六个民族自治州,除西宁市和海西州外,其余财政都不能自给,18个牧业县财政自给能力不足20%,全部依靠国家补贴;全省有国家扶贫开发工作重点县15个;贫困人口133.5万,占全省总人口的38%,是西部地区最不发达的省份之一。加上民族地区尤其是牧区办学以寄宿制为主,而这类学校除了一般学校应具备的条件外,还必须安排好学生衣、食、住、行、学习用品及卫生保健等,人均培养成本比一般学校高出三四倍。尚未实现"两基"的纯牧区,先"普六",再"普九",既要发展数量,又要提高质量,工作难度很大。另外,中等职业教育特别是藏区中等职业教育发展缓慢,高校教学、科研和后勤保障设施跟不上发展需要,高学历教师比例低,少数民族高层次骨干人才缺乏,教育与经济、科技的结合还不够紧密,对经济的贡献率还不高,教育发展的外部环境还需要进一步改善。

(三) 本课题目前研究现状

中小学语文教学现状调查研究是当前国内语文教学研究领域的热门课题之一。全国范围内,或针对语文教学整体,或针对语文教学中的某一个方面,或面向教师,或面向学生展开的各种研究活动非常多。就青海学术界、教育界来看,面向全省范围、涉及诸多问题、大规模进行的调查科研还未出现,因此,到目前为止,本课题的调研具备唯一性。

本课题选取青海油田一中、青海师大附中、青海师大二附中、西宁十四中、西宁二十九中、循化县中学、贵德中学等学校及互助县的三所中学进行个案调查,所选学校都有一定代表性。其中,青海油田一中和青海师大附中是青海省重点中学,两个学校的高考升学率始终名列前茅;循化县是我国唯一的撒拉族自治县,由于受传统文化观念的影响,基础教育发展始终较慢;互助土族自治县是青海省基础教育的新进县,近两年的高考入学率已经开始赶超传统的强县乐都。课题组对青海的教材使用情况、语文师资状况、课堂教学状况、语文课外活动开展和实施状况、语文教学中现代教育技术应用状况、语文新课标的实施情况、学生的课外阅读等展开实地调研,重点调研了青海油田一中、青海师大附中。共发放各种调查问卷5971份,回收5854份,有效问卷5413份;召开各种座谈会5次。最后形成调查报告4份:《青海油田高中语文教学现状调查》、《中小学教师课外阅读情况的调查》、《青海省循化县高中生课外阅读情况的调查》、《互助县初中生课外阅读现状调查与对策研究》;论文1篇:《青海省高校师范教育现状研究》。

二、中学语文教学的现状

从2007年3月开始,我们对青海油田一中和青海师大所属的三所附中以座谈会的形式做了调查,了解到老师们对新课改积极性不高,但也无多少抵触情绪,大多数对新课标的理解也很肤浅。实际工作中主要是忙于应付高考,对素质教育也只是走走形式。就了解当前的语文教学状况而言,一线教师的意见具有很大的代表性,不过,要较为全面地把握语文教学现状,还需要了解学生的看法。我们采用了问卷调查和访谈的方法进行了解。问卷调查是以抽样的形式进行的,对象是2007年高一、高二的学生。访谈的对象也主要是2007年高一、高二的学生,具体操作时主要是从不同层次的学生中分别抽取数名进行访谈。

问卷包括"学习兴趣和成绩现状"、"对语文学科的看法"、"对教材的看法"、"课堂教学状况"、"语文学习习惯"、"课外阅读状况"六个部分,共设计64题。本课题还采用了班级抽样调查的方法。高一年级和高二年级各有12个教学班,共计24个教学班。给每班下发调查问卷20张,共计下发问卷480张。收回问卷445张,其中有效问卷426张,占全部问卷的88.57%,调查有效。调查报告中的数据全部由此得出。

(一)学习兴趣

表1 喜欢语文课吗?

选项	A.喜欢	B.一般	C.不喜欢	D.没想过
人　数	188	210	14	14
百分比	44.35%	49.19%	3.23%	3.23%

表2 喜欢语文课的原因(多选)

选项	A	B	C	D
人数	182	151	62	131
百分比	42.74%	35.48%	14.52%	30.65%

说明:A. 学语文有意思,感到语文学习内容不难,对学好语文有自信心
　　　B. 语文老师教学认真,讲解清楚,方法得当,教学水平高
　　　C. 受成绩好的同学的影响
　　　D. 不知道原因

表3 不喜欢语文课的原因(多选)

选项	A	B	C	D	E	F	G	H
人数	52	117	82	110	7	76	3	89
百分比	12.10%	27.42%	19.35%	25.81%	1.61%	17.74%	0.81%	20.97%

说明:A. 学习基础不好
　　　B. 听课不太认真
　　　C. 老师上课不吸引我,语文课太枯燥
　　　D. 要写作文
　　　E. 语文老师讲课不清楚,重点和难点讲不清,教学水平不高
　　　F. 感觉语文学习内容太难,学习上缺乏自信心。语文考试题目难度大
　　　G. 语文老师不太关心我,与语文老师的关系不融洽
　　　H. 不知道原因

从表1可以看出,选择"喜欢"和"一般"的学生达到93.54%,占了绝大多数。不难看出重点中学语文教学的整体状况较好,学生整体表现出较为浓厚的学习兴趣。在表2中,选择"学语文有意思,感到语文学习内容不难,对学好语文有信心"的占到了42.72%,反映出学生的学习兴趣建立在自信心的基础之上,也反映出近年来随着高考改革的持续深入,试题难度不断下调,教师也随之降低授课难度,学生在学习过程中遇到的困难逐渐减少,激发了学生的学习兴趣;选择"语文老师教学认真,讲解清楚,方法得当,教学水平高"的占到了35.48%,说明学生对学科是否感兴趣在很大程度上取决于教师教学水平的高低;最引人关注的是有30.65%的学生选择了"不知道原因",这部分学生在回答第一个问题时,绝大多数(157人,占74.76%)选择了"一般",表现出对语文学习的兴趣不够浓厚。对比表3"不喜欢语文课的原因",八个选项从高到低依次为:B(听课不太认真)→D(要写作文)→H(不知道原因)→C(老师上课不吸引我,语文课太枯燥)→F(感觉语文学习内容太难,学习上缺乏自信心。语文考试题目难度大)→A(学习基础不好)→E(语文老师讲课不清楚,重点和难点讲不清,教学水平不高)→G(语文老师不太关心我,与语文老师的关系不融洽)。通过分析,我们认为:(1)学生的注意力集中程度直接影响着学习兴趣和成绩,教师在授课过程中必须关注每一个学生听讲的状态,并想方设法吸引学生的注意力;(2)练习、测验、考试等教学检测环节要注意考虑学生的实际学习平,尽量避免学习成绩不理想影响学习兴趣的情况;(3)学生在写作训练中存在比较重的畏难情绪,反映出作文教学的不足和缺陷;(4)语文学习更加注重学生在学习过程中的积累。

(二)对语文学科的看法

表4 你认为语文学习对自己的健康成长是否重要?

选项	A.重要	B.一般	C.无所谓
人 数	316	86	24
百分比	74.19%	20.16%	5.65%

表5 你认为语文课对自己有哪些影响？（可以多选）

选项	A	B	C	D
人　数	299	247	240	223
百分比	70.16%	58.06%	56.45%	52.42%

说明：A. 可以提高自己的语言运用能力　　B. 对自己认识人生社会有帮助
　　　C. 对自己形成良好的素养有帮助　　D. 对自己的情感陶冶有帮助

从表4反映出，绝大多数学生认为语文学习对自身的健康成长"重要"（占74.19%），只有5.65%的学生认为"无所谓"，应该说还是很令语文教师感到欣慰的一个数据。通过表5来看，四个选项的数据都超过了50%，相对而言学生关注更多的是"可以提高语言运用能力"这一项，语文学科的工具性得到了最多的认同，同时，我们认为这与他们参加高考的需要和未来面对竞争的需要密不可分。毋庸讳言，我们目前的语文教学其实依然是紧紧围绕着高考而转，通过调查和日常交流来看，语文教师关注最多的依然是考试成绩，特别是高考成绩。从学生升入高一开始，老师就开始对他们进行典型试题解题技巧的训练，在使用的配套练习册中，每一个单元都有一个高考专题训练，而在对学生的教育中，说得最多的也是语文学习对他们今后走入社会的作用。在这种影响之下，语文学科的工具性自然会被放大。而令我们欣慰的是，随着近几年语文教学改革的深入，语文学科的人文性也逐渐得到了应有的重视，"文以载道"的认识促使教师在篇章教学中开始注重挖掘文章蕴涵的思想美和艺术美，给了学生更多的熏陶和影响，B、C、D三个选项都有超过50%的比例很能说明这个问题。

表6 你认为以下选项哪些切中语文教学之痛？（可多选）

选项	A	B	C	D	E	F
人　数	240	141	141	192	127	52
百分比	56.45%	33.06%	33.06%	45.16%	29.84%	12.10%

说明：A. 使学生想象力僵化　　B. 不让学生独立思考
　　　C. 净学些没用的东西　　D. 意识形态色彩过重
　　　E. 严重落后于时代　　　F. 处处与学生为敌

表7　你认为有无必要对传统的语文课进行课程改革？

选项	A	B	C	D
人　数	165	168	52	41
百分比	38.71%	39.52%	12.10%	9.68%

说明：A. 很有必要　　B. 有必要,但应围绕考试和大纲展开
　　　C. 没有必要　　D. 无所谓

　　表6和表7的问题是针对目前正在进行的语文教学改革而设。在表6的选项中,选择"使学生想象力僵化"的占到56.45%,这反映出我们高中语文教学中的一个突出问题,由于标准化试题的存在或者是标准答案的存在,教学中教师会不自觉地将学生的思维引向看似正确无误的答案,而忽略了文学作品鉴赏过程中最为宝贵的主体的独特阅读体验和感受,造成阅读体验"千人一面"的尴尬局面,33.06%的学生认为语文教学"不让学生独立思考"也从一个侧面反映了这个问题。其次,45.16%的学生认为语文教学中"意识形态色彩过重",这应该视为传统语文教学影响的遗留问题,即使改革开放已经三十年,人们的价值观念体系已经有了巨大的改变,但是在中小学阶段,我们还是力图引导学生树立正确的世界观、人生观和价值观,反映在日常教学中,难免就会在解析文章时加入较多的道德和理想教育,而这种教育多数情况下会成为学生不愿接受的说教。因此,高达78.23%的学生认为"有必要对传统的语文课进行课程改革"也就不难理解了。学生能有这种认识也可以看作是近年来持续推进语文课程改革和教学改革所取得的成果之一,其中引人关注的是39.52%的学生认为课程改革"应围绕考试和大纲展开",说明考试成绩的优劣依然是学生关注的焦点问题。在目前的高考体制下,要改变学生的这种认识,进一步增强语文教学的人文性渗透仍然是今后的语文课程改革和教学改革必须下大力气研究和解决的问题。

（三）对教材的看法

　　全省中学选用的是人民教育出版社中学语文室编订的全国通用教材。

表8 你对教材的选文是否满意？

选项	A 满意	B 基本满意	C 不满意
人数	62	337	27
百分比	14.52%	79.03%	6.45%

表9 你认为教材的编排体例是否清晰科学？

选项	A 清晰科学	B 清晰但不够科学	C 不清晰	D 缺乏科学体系
人数	172	155	65	34
百分比	40.32%	36.29%	15.32%	8.06%

从表8来看，选择"基本满意"的占到79.03%，另有14.52%的学生选择了"满意"，两项合计达到93.55%，学生基本认可教材选文。但是对照表9，选择A、B两项的合计为76.61%，学生对编排体例的满意度和对选文的满意度相比下降了近17个百分点。事实上教师在教学过程中也经常会按照自己的理解调整顺序，尽量适应自己的教学需要，因此学生的这种看法也是可以理解的。

表10 你认为语文教材应该由谁编写？

选项	A	B	C	D
人数	141	79	41	165
百分比	33.06%	18.55%	9.68%	38.71%

说明：A 人教社语文编写组 B 中文系教授
　　　C 知名作家　　　　　D 无所谓，受欢迎就行

在教材的编写者方面，38.71%的学生表现出"无所谓，受欢迎就行"的态度，占到了最大比例。笔者在设置这项问题时，以为多数学生会选择C项"知名作家"，因为在与学生的日常交流中，发现许多学生喜爱郭敬明、韩寒等年青作家的作品，甚至有些同学还流露了希望他们的作品能出现在教材中的想法。从最终结果来看，三分之一的学生对人教社编订的现行教材是能够认可和接受的，说明这套教材具有很高的科学性、系统性和权威性。

（四）课堂教学状况

表11　目前课堂教学内容偏重于哪一方面？（可多选）

选项	A	B	C	D
人　数	148	182	137	158
百分比	34.68%	42.74%	32.26%	37.10%

说明：A 课文分析　B 语文知识讲解　C 应试训练　D 人文精神的传递

从上表来看，37.10%的学生选择D项"人文精神的传递"，仅次于"语文知识讲解"项的42.74%，虽然比例还是较低，但是能高过"课文分析"和"应试训练"两项，应该可以被视为高中语文教学的可喜变化之一。《语文课程标准》强调"工具性与人文性的统一"是语文课程的基本特征。在《语文课程标准》发布以前，传统的语文教学中过分强调语文学科的工具性，使语文教学一度成为社会舆论批评最多的学科。虽然总体而言，语文教学中应试训练的成分还是很高，生硬而缺乏美感的课文分析还随处可见，但是假以时日，我们还是应该对语文教学改革的前景充满信心，随着语文学科人文性的进一步渗透，语文学科必然可以发挥更大的美育功能。

表12　课堂教学方式主要是哪一种？

选项	A	B	C	D
人　数	179	72	110	65
百分比	41.94%	16.94%	25.81%	15.32%

说明：A. 教师讲，学生听　　B. 教师引导下学生自主探讨
　　　C. 师生共同探讨　　　D. 教师参与，学生小组互助学习

表13　你在课堂上常处于什么状态？

选项	A	B	C	D
人　数	251	93	10	72
百分比	58.87%	21.77%	2.42%	16.94%

说明：A. 以听老师讲为主　　　B. 常处于思考感受中
　　　C. 与老师同学产生碰撞　D. 积极参与到活动中

从表12的统计数据来看,在我们的课堂教学中占到最大比重的依然是"教师讲,学生听",但是如果和传统语文教学的满堂灌、填鸭式教学方式相比,这个数据还是反映出了语文教学改革的初步成果。体现学生主体地位的教学方式被越来越多地应用到我们的课堂教学中,学生的主观能动性被进一步激发(表13中B、C、D三项数据合计达到41.13%),学生的主动参与、积极思考必然有助于教学效果的进一步提高。不过,如何真正还学生以主体地位依然是我们面临的一个亟须解决的重大论题。

表14 课堂教学中学生的活动方式你最喜欢哪一种?(可多选)

选项	A	B	C	D
人数	216	158	69	117
百分比	50.18%	37.10%	16.13%	27.42%

说明:A. 以学生为主的讨论交流　　B. 在老师指导下的自主学习
　　　C. 自学前提下的专题讨论　　D. 老师指导下去图书馆阅读

课堂教学中最受学生欢迎的活动方式是A项"以学生为主的讨论交流"(占50.18%),我们认为其中的原因有二:一是在讨论交流时面对的都是同学,相对于当众回答问题而言,学生心理承受的压力较小,不用直接面对教师的评价,更能真正做到畅所欲言,而且同样也能锻炼他们的口头表达能力;二是讨论交流的过程中,其他同学的发言能启发自己的思考感悟,加深对问题的理解,和听教师讲解相比,其中包含的主动探究的成分更多。然而,只有16.13%的同学选择了"自学前提下的专题讨论",对比A项,这一项其实只是多了一个自学的前提,但是比例却下降了34个百分点。对照前文表7的统计数据,36.29%的学生认为"自己学习能力(如记忆力、注意力、思维能力、问题理解能力、自学能力等)不太强",从中不难看出学生的自主学习能力还有所欠缺,对这种教师完全放手、全部由自己完成的活动方式没有足够的信心。著名语文教育家叶圣陶先生主张"教的目的就是为了不教",把学生学习能力的培养放在了最重要的位置,而且现代社会更加注重个体的自主学习和终身学习,拿这种要求来考察我们的语文教学,不得不承认，虽然教学改革取得了一定的进步，但是在我们传授知识和培养能力的过程中，对学生自主学习能力的培养依然不尽如人意。

表15　你发现教师课堂评价方式有几种？

选项	A	B	C	D
人　数	55	247	103	21
百分比	12.90%	58.06%	24.19%	4.84%

说明：A. 简单评定"对"或"错"　　B. 多种角度评价，并能引导深入思考
　　　C. 探讨式，没有简单结论　　D. 表扬为主

如前所述，只有不到13%的课堂评价是以"简单评定'对'或'错'"的方式完成的，这说明了语文教师的教学观念在教学改革的过程中发生的可喜变化。然而，对学生的表扬、肯定和鼓励太少，会挫伤学生的积极性，这也应该引起我们的重视。

表16　在语文课中你最喜欢的两项教学内容是什么？（选两项）

选项	A	B	C	D	E	F	G
人　数	103	148	203	113	103	14	34
百分比	24.19%	34.68%	47.58%	26.61%	24.19%	3.23%	8.06%

表17　在语文课中你最不喜欢的两项教学内容是什么？（选两项）

选项	A	B	C	D	E	F	G
人　数	158	189	148	161	14	21	58
百分比	37.10%	44.35%	34.68%	37.90%	3.23%	4.84%	13.71%

说明：A. 背诵　B. 文言文　C. 写作文　D. 语法　E. 文学史常识
　　　F. 字词基础知识　　G. 总结中心思想或段落大意

在所列的七项教学内容中，学生最喜欢的两项是写作文和文言文，最不喜欢的两项是文言文和语法。就教师感受而言，在这七项教学内容中，最能体现学生语文综合能力的当属写作文，而学生遇到最多学习障碍和困难的是文言文。现在高中阶段的写作练习多为要求相对宽泛的话题作文，和小学、初中阶段那种限定题目、限定文体的作文相比，学

生写作的自由度有了较大的提高,教师也鼓励学生拓宽思维、发挥想象,鼓励他们大胆表达自己独特的生命体验和生活感悟,同时,教师批阅作文的过程也是和学生进行探讨交流的过程,因此,我们认为写作文成为学生最喜欢的教学内容之一是可以理解的。文言文这一教学内容的"待遇"就大不相同了,34.68%的学生将它列为"最喜欢的教学内容"之一,而44.35%的同学却将它列为"最不喜欢的教学内容"之一。文言文的学习相对于其他教学内容而言,其一,语言文字的理解本身有不小的难度;其二,许多文言文篇目是要求背诵的,而"背诵"列在"最不喜欢的教学内容"的第三位反映出了学生对背诵以及文言文学习的抵触;其三,文言文的学习更加强调积累,文言虚词、实词、通假字、古今异义、词类活用、文言句式等内容的学习还需要进行理解性的记忆。再加上这些篇目的写作年代距离我们较远,思想观念也存在较大差异,文言文的学习难度当列各项教学内容之首。然而,不可否认的是高中语文教材中选入的文言文篇目都是历史名篇,其思想性、艺术性不容置疑,这些文章对学生的教育功能也是最强的。因此,我们认为,在文言文的教学过程中,教师应该考虑到全体学生的需要,按照《语文课程标准》的要求,适度降低其难度要求,梳理出清晰准确的知识体系,深入挖掘文章美感,以期引导更多的学生喜欢学习文言文。

表18 你如何看待语文老师提出的课前预习和课后复习的要求?

选项	A	B	C	D
人　数	45	203	148	31
百分比	10.48%	47.58%	34.68%	7.26%

说明:A.很重要,很认真地完成　B.比较重要,基本能够完成
　　　C.没有时间就不预习,不复习
　　　D.课外从来没预习和复习过(课堂上老师开始讲时才突击预习,课后也懒得花时间复习)

语文学科是一门更加注重积累的学科,抓好预习和复习环节对提高学生的课业成绩有着重要作用。从上表的数据看,只有一成的学生重视教师提出的课前预习和课后复习的要求,一方面说明学生良好的

学习习惯还有待培养;另一方面,教师应采取有效措施加强检查监督,以期这两个重要的学习环节能够落到实处。

表19 你认为自己对于现在语文课的教学内容____?

选项	A	B	C	D
人　数	14	350	41	21
百分比	3.23%	82.26%	9.68%	4.84%

说明:A. 掌握得很好　B. 基本能够掌握　C. 常常完全不懂

D. 很多内容很难懂,要是老师讲得好,有时能弄懂一点

高达82.26%的学生认为"基本能够掌握"语文课的教学内容,在笔者看来存在比较大的水分;而只有3.23%的学生认为"掌握得很好",14.52%(C项和D项合计)的学生"常常完全不懂"和"有时能懂一点儿",作为母语教育课程,这样的数据让笔者感到沉重。反映在语文成绩上,大多数学生的语文成绩在及格线上下,而年级最高分很少能超过130分(试卷满分150分);在尖子生的成绩单上,语文往往是分数最低的一门功课。

表20　对目前写作教学现状是否满意?

选项	A 满意	B 一般	C 不满意
人　数	110	282	34
百分比	25.81%	66.13%	8.06%

表21　你希望老师在写作方面给你哪些帮助?(可多选)

选项	A	B	C	D
人　数	131	230	110	244
百分比	30.65%	54.03%	25.81%	57.26%

说明:A. 老师精批细改　　　　B. 多讲评、多指导学生自己修改

C. 增加自由练笔指导　D. 多介绍好文章

表20显示,学生对目前写作教学现状的认可程度较高,和前文表16的统计结果比较吻合。学生希望作文教学中注意拓宽视野和增强

师生互动,这为我们改进作文教学方法提供了有益的思路。有研究显示,作文批改方式中,当面批改的效果最好,也最受学生欢迎。当然这也给语文教师提出了更高的要求,无形中增加了不小的工作量。但是,如果能在每学期6—8次的作文训练中选择一次或者每次选择部分学生当面批改作文,其收效应该强于书面精批细改,也能增强师生交流和联系。

(五) 语文学习习惯

首先,看看学生每天花在语文学科的时间有多少,见下表。

表22 每天课外你花在语文学科(包括完成语文老师布置的任务、自己的相关课外阅读)上的时间大约为多长?

选项	A 半小时	B 0.5—1 小时	C 1—2 小时	D 2 小时以上
人 数	137	179	76	34
百分比	32.26%	41.94%	17.74%	8.06%

74.20%的学生每天花在语文方面的时间不足一小时。高中阶段学生课业负担明显加重,学生的时间和精力确实有限,这是不可否认的客观现实,然而,如果比较一下学生在英语、数学、物理和化学这几门学科上所花费的时间和精力,那么用在语文上的时间确实有点儿少,况且其中还包括了课外阅读所用的时间。从这个结果出发来做一个推断,绝大多数学生用在语文学科上的时间仅够他们完成语文作业而已。

表23 当遇到你不认识的字词的时候,你是否自己查工具书解决?

选项	A 常常	B 偶尔	C 从不
人 数	182	203	41
百分比	42.74%	47.58%	9.68%

使用工具书是语文学习中一个非常重要和良好的习惯。仅有四成多的学生表示常常使用工具书解决生字词。在高中阶段的语文教学中,生字词教学应该是在教师指引下由学生自主完成,应该在课文预习阶段就完成;在课外阅读中,更应该大量使用工具书,随时查阅不认识

的生字、不理解的生词。相对而言,四成多的比例相对有点儿低,语文教师还要想办法培养学生这个习惯。

表24 你认为学习语文的机会什么时候有?

选项	A 时时处处	B 部分时间、地点	C 只有语文课上才有
人数	227	148	52
百分比	53.23%	34.68%	12.09%

仅有12.09%的学生认为学习语文的机会只有在语文课上才有,绝大多数学生能将学习语文的视野投注到课堂以外,特别是一半以上的学生能选择"时时处处有学习机会",笔者认为这个结果还是源于近几年语文教学改革的不断推进。

表25 在高中学习语文的过程中,你有学习语文的成功体验吗?

选项	A 常常有	B 偶尔有	C 从未有过
人数	89	278	58
百分比	20.97%	65.32%	13.71%

学习的成功体验有助于增强学生的自信心,有助于激发学生的学习兴趣,对于"常常有"的学生我们要注意不断强化,对于"偶尔有"的学生我们要注意增加其机会,对于"从未有过"的学生我们要注意保护和激发。

表26 在学习或生活中,你有以前记住了但不理解的诗文等内容现在突然理解了的感觉吗?

选项	A 常常	B 偶尔	C 从未
人数	96	292	38
百分比	22.58%	68.55%	8.87%

这种现象事实上是语文学习注重积累特征的一种表现。随着学生生活阅历的逐渐增多和对事物理解能力的进一步增强,这种体验应该会越来越多。因此,语文教师在授课时,应该注意多联系学生以前接触

过的作品;在授课、辅导之余,加强与学生的交流。这会对学生的语文学习产生意想不到的作用。

表27　在语文课上,你经常有与众不同的见解吗?

选项	A 常常	B 偶尔	C 从未
人数	76	289	62
百分比	17.74%	67.74%	14.52%

学生有与众不同的见解,其实正是他们思维活跃的表现之一。不论是经常发表不同见解的,还是偶尔灵光突现的,教师都应给予鼓励和保护,学生的这种求异思维正是最好的学习习惯之一。

表28　在作文和谈话的时候,你引用自己积累的名言警句吗?

选项	A 常常	B 偶尔	C 从未
人数	100	268	58
百分比	23.39%	62.90%	13.71%

表29　在写作文时,你是否遇到可以选用的词语比较多而不知选哪一个词语的情况?

选项	A 常常	B 偶尔	C 从未
人数	72	295	58
百分比	16.94%	69.35%	13.71%

从表28和表29看,学生语文知识的积累和运用还需要进一步给予引导。能在作文和交谈中熟练地引用名言警句,能够做到在写作时斟酌词语,就是学生学习成果的一种体现。

表30　你会从多个角度分析读过的文学作品的人物形象、主题思想吗?

选项	A 常常	B 偶尔	C 从未
人数	82	265	79
百分比	19.35%	62.10%	18.55%

多角度地分析作品的人物形象和主题思想,是对学生鉴赏文学作品的一项比较高的要求。19.35%的学生能常常这样做,说明这部分学生已经掌握了这种技巧和能力,较为可喜。

表31 在学习语文的过程中,你遇到疑难问题时,
愿意与同学一起商量解决的办法吗?

选项	A 常常	B 偶尔	C 从不
人数	93	282	52
百分比	21.77%	66.13%	12.10%

面对同样的问题,不同的人会有不同的理解和感悟,主动与他人交流探讨,有助于问题的解决。语文教师应该在课堂内外多创造学生交流探讨的机会和氛围,努力提高学生的这种自觉性。

概括表达能力是高中学生必须具备的基本能力之一。在试卷中最能体现这一能力要求的题目就是现代文阅读。然而,通过分析学生试卷,我们发现学生在这一部分的得分往往是最低的。学生的得分情况与下面表36的统计数据非常接近,究其原因,还是学生的概括表达能力存在较大欠缺。解决这个问题的最好途径,我认为就是在课堂上给学生更大的话语权,让他们多说多练。

表32 你能用自己的话对读过的内容进行准确、完整的概括吗?

选项	A 常常	B 偶尔	C 从未
人数	82	309	34
百分比	19.35%	72.59%	8.06%

表33 你有当众演讲的愿望吗?

选项	A 常常	B 偶尔	C 从未
人数	89	216	120
百分比	20.97%	50.81%	28.23%

有两成的学生常常有当众演讲的愿望,一半的学生偶尔有当众演讲的愿望,这个数据符合现代学生想表达也敢表达的特点。这对语文教师而言是个非常好的契机,多创造机会,善加引导,必然有助于语文教学效果的提高。

表34 你思考过自己学习语文的方法还有什么值得改进的地方吗?

选项	A 常常	B 偶尔	C 从未
人数	79	289	58
百分比	18.55%	67.74%	13.71%

从表34来看,不到两成的学生常常思考自己的学习方法还有什么可以改进的,这一部分学生的主观能动性应该是比较强的。课程改革要求教师必须足够重视方法的指导和传授,如果教师仅仅把目光限定在课文和知识点的讲解上,是无法取得优质教学效果的。

表35 当遇到某个不能解决的问题时,你会长时间地思考这个问题吗?

选项	A 常常	B 偶尔	C 从不
人数	127	258	41
百分比	29.84%	60.48%	9.68%

长时间地思考一个问题是注意力较强的表现。将近30%的学生选择"常常长时间思考某个不能解决的问题",这一数据比较符合学生发展的阶段特征。经过将近十年的学习过程,高中学生的注意力水平逐步提高,但还不够完善,我们的教学过程应对这一现象予以足够重视。在课堂教学中,可以发现学生听讲效果前半节课好于后半节课,就是因为随着时间的延长,学生的注意力逐渐减弱的结果。

表36 你认为语文课中的理解性问题是否有固定答案?

选项	A 全部有	B 极少数有	C 全没有
人数	110	237	79
百分比	25.81%	55.65%	18.55%

表37　你认为高中语文是否需要个性化的阅读？

选项	A 常常	B 偶尔	C 从不
人数	226	179	21
百分比	53.22%	41.94%	4.84%

表 36 和表 37 的问题针对学生的主观阅读体验而设计。在当下通行模式的语文试卷中，理解性问题主要出现在现代文阅读题中，只有 25% 的学生认为这种问题有固定答案，近 20% 的学生认为全都没有固定答案，55% 的学生认为极少数有固定答案，这组数据表明学生已经意识到语文教学对主观阅读体验的重视。超过半数的学生认为高中语文常常需要个性化阅读，也表明学生认识的提高。

表38　对试卷上的病句，你往往读几遍能发现问题？

选项	A 1 遍	B 3 遍	C 很多遍
人数	38	199	189
百分比	8.87%	46.77%	44.34%

现在初中的语文教学内容中删去了语法教学，这给高中阶段的语文学习造成了不小的困难。从阶段考试到高考的试题中，语病是常考内容之一，学生在初中不学语法内容，而语感又普遍偏弱，只有不到一成的学生只读 1 遍就能辨别病句也就在情理之中了。

表39　你喜欢运用现代信息技术辅助语文的学习吗？

选项	A 非常	B 比较	C 很不
人数	151	234	41
百分比	35.48%	54.84%	9.68%

随着现代信息技术的普及特别是互联网的普及，学生获取信息和知识的渠道空前拓宽，而教师大量使用现代信息技术教学手段，并且给学生布置一些诸如查找资料的家庭作业，也在客观上刺激了学生使用

现代信息技术辅助语文学习的积极性,因此90%以上的学生喜欢现代信息技术也就不难理解了。对于教师而言,这中间就有了怎样加以引导的问题。

综上所述,对于学生的语文学习习惯,我们可以得出基本结论如下:第一,学生的语文学习习惯不尽如人意,大概只有两成左右的学生具有较好的习惯,而八成左右的学生需要我们下大力气引导他们养成良好习惯;第二,学生语文学习的主动性和积极性欠缺较多,语文作为母语教学科目,相对于其他学科而言,处境更显尴尬。

(六) 课外阅读状况

表40 你是否有时间阅读课外书籍(包括读本)?

选项	A 经常有	B 偶尔有	C 没有
人数	206	172	48
百分比	48.39%	40.32%	11.29%

表41 目前你的课外阅读量有多少?

选项	A 每周三万字左右	B 每周一万字左右	C 每周五千字左右	D 每周三千字左右
人数	48	107	116	155
百分比	11.29%	25.12%	27.30%	36.29%

表42 阅读内容以什么为主?

选项	A 报纸杂志	B 课外名著	C 消遣性文艺作品	D 社科类、文学类经典著作
人数	155	86	134	52
百分比	36.29%	20.16%	31.45%	12.10%

表43 你阅读的课外书籍是从哪儿来的(多选)?

选项	A 买的	B 送的	C 借的	D 换的	E 其他
人数	223	45	175	10	45
百分比	52.42%	10.48%	41.13%	2.42%	10.48%

表44　你们老师布置课外阅读吗?

选项	A 每天都布置	B 有时布置	C 不布置
人数	17	265	144
百分比	4.03%	62.10%	33.87%

表45　你希望学校安排课外阅读的时间吗?

选项	A 很希望	B 比较希望	C 随便	D 不需要
人数	182	165	69	10
百分比	42.74%	38.71%	16.13%	2.42%

从以上统计表可以看出:第一,大部分学生有时间阅读课外书籍(表40的数据表明,88.71%的学生"经常有"或"偶尔有"阅读课外书籍的时间,没有时间阅读的只占11.29%);第二,近三分之二的学生阅读量不够(表41的数据显示只有36.41%的学生能达到《语文课程标准》规定的每周平均一万字的阅读量);第三,三分之二以上的学生选择课外读物时倾向于报纸杂志和消遣性文艺作品,"快餐式"阅读占据了主流(表42);第四,教师对学生课外阅读的重视和指导不够(表44中,仅有4.03%的学生选择了老师"每天都布置");第五,学生阅读的书籍超过一半是自己购买的,还有一半以相互借阅为主(表43);第六,八成多学生希望学校能安排课外阅读的时间,普遍表现出了较高的积极性。

表46　你认为课外阅读对语文学习有帮助吗?

选项	A 没帮助	B 有些帮助	C 帮助很大
人数	55	210	161
百分比	12.91%	49.18%	37.91%

表47 你觉得课外阅读有哪些益处？

选项	A 扩大知识面	B 提高学习成绩	C 能积累好多优美词句	D 好玩
人数	268	31	110	17
百分比	62.90%	7.26%	25.81%	4.03%

从表46和表47可以发现，近八成学生认为课外阅读对语文学习有帮助，认为课外阅读的最大益处是"能够扩大知识面"的比例达到了62.90%，其次为"能积累好多优美词句"，占到25.81%，而认为有助于提高学习成绩的仅有7.26%。

名著阅读状况是课外阅读调查的重点内容，调查结果统计如下（表48至表53）：

表48 你喜欢阅读名著吗？

选项	A 非常喜欢	B 比较喜欢	C 一般	D 不喜欢
人数	62	151	192	21
百分比	14.52%	35.48%	45.16%	4.84%

表49 你平时在什么情况下读名著？

选项	A 主动阅读	B 老师要求	C 家长监督
人数	79	237	110
百分比	18.55%	55.65%	25.81%

表50 你读课外名著时，一般会怎么读？

选项	A 认真读	B 挑选有趣的地方读	C 随便翻翻
人数	168	223	34
百分比	39.52%	52.42%	8.06%

表51 阅读名著时,你能否注意积累一些词语、句段?

选项	A 能	B 有时能	C 不能
人数	103	230	93
百分比	24.19%	54.03%	21.77%

表52 你读名著时能做到边读边想或者边读边做笔记吗?

选项	A 能	B 有时能	C 不能
人数	52	151	223
百分比	12.10%	35.48%	52.42%

表53 你读课外名著时喜欢做什么?

选项	A 摘抄好词佳句	B 写读后感	C 圈圈点点,写批注	D 只读,不动笔
人数	103	65	72	186
百分比	24.19%	15.32%	16.94%	43.55%

刚好一半的学生(213人)表示喜欢阅读名著,表现出比较浓厚的阅读兴趣,然而其中只有62名同学表示"非常喜欢"(表48)。从笔者自身的阅读体验出发进行推测,这种情况与学生的人生经历还不够丰富有关,学生在阅读名著时,有许多地方存在理解困难或者不能完全了解某些细微之处的精妙所在,因而阅读收获还不够丰富,这必然会影响到他们的阅读兴趣。表49也反映出这个问题,超过八成的学生阅读名著是在被动的情况下进行,其中比例最高的是在"教师要求"的情况下阅读,为了完成任务而阅读其收效自然会大打折扣。能够认真阅读名著的学生占39.52%,而超过半数的学生选择"挑选有趣的地方读"。针对这一数据,教师在布置课外阅读任务时应该有意识地推荐一些故事性、趣味性较强而且文质兼美的作品给学生阅读,以激发学生的阅读兴趣,如目前风靡全球的"哈利·波特"系列小说其实就是一个不错的选择。从表51至表53来看,阅读时注意积累词语句段的学生只有近四分之一,能做读书笔记的只有12%,43.55%的同学只读而不动笔,

学生阅读的兴趣、方法和习惯还有待培养和提高。

表54 阅读了一本好作品后,你会干什么?

选项	A 说给别人听	B 做读书笔记	C 写读后感	D 看过就算了
人数	265	65	24	72
百分比	62.10%	15.32%	5.64%	16.94%

表55 你能经常和别人谈论甚至争论通过课外阅读了解到的人和事吗?

选项	A 能	B 有时能	C 不能
人数	110	265	52
百分比	25.81%	62.10%	12.09%

表56 你喜欢把自己读过的故事讲给别人听吗?

选项	A 喜欢	B 不喜欢	C 有时讲
人数	134	89	203
百分比	31.45%	20.97%	47.58%

通过表54至表56来看,学生在阅读作品后做的最多的还是与他人交流阅读感受。上文已经反映出学生对做读书笔记和写读后感较为抵触,而且在教师布置的情况下会将其当作作业来完成,效果反而更差。因此,建议教师多组织开展诸如读书会之类的语文活动,给学生创造更多的交流机会和空间,而且在此类活动中,教师可以充分参与其中,给学生更多的指导和协助,特别是如果教师有意识地准备一些读书笔记或读后感,在活动中展示给学生,也会收到身教大于言教的效果。

如表23所显示的,四成多的学生表示常常借助工具书解决生字词问题,在下表(表57)中,这一比例下降到22.58%。据此分析,学生在课文内容范围内使用工具书的情况比较多,延伸到课外后使用工具书较少。而"随便认读"的学生却接近半数。

表57 你在阅读时遇到不认识的字或不懂的问题怎么办？

选项	A 跳过去不读	B 查工具书	C 随便认读	D 问父母或老师
人数	69	96	203	58
百分比	16.13%	22.58%	47.58%	13.71%

表58 的问题针对学生的阅读能力和阅读水平进行调查分析，阅读能力和阅读水平来自于课内学习所得，能否向课外有效延伸是学生学习收获的一种体现，也直接决定了学生课外阅读的质量和收获。

表58 阅读能力和阅读水平调查统计

序号	调查内容	A 能		B 有时能		C 不能	
		人数	比例	人数	比例	人数	比例
1	阅读时，能否猜出文章中生词的意思？	117	27.42%	271	63.71%	38	8.87%
2	阅读时，能否联系上下文理解词句的意思？	127	29.84%	268	62.90%	31	7.26%
3	阅读时，能否注意文章叙述的前后关系？	124	29.03%	216	50.81%	86	20.16%
4	阅读时，能否抓住关键性的句子来理解文章内容？	124	29.03%	230	54.03%	72	16.94%
5	阅读时，能否主动想象作品所描绘的情景？	234	54.84%	134	31.45%	58	13.71%
6	阅读中能否经常猜出故事后半段的情节？	137	32.26%	223	52.42%	65	15.32%
7	能否根据不同的阅读目的，采用不同的阅读方法？	113	26.61%	210	49.19%	103	24.19%

如果按照总的选择人次来进行排序，选择 B 项"有时能"的最多，其次为 A 项"能"，最后是 C"不能"。下面按照选项的选择情况分别加以分析。

选择 A 项"能"人数最多的问题是第 5 个问题，54.84% 的学生选择了 A 项，表示能主动想象作品所描绘的情景，列在三个选项的第一位。在阅读时想象作品描绘的情景是阅读者的自然反应，特别是读小说时，读者会不自觉地在头脑中想象人物、环境、事件等。令人觉得不可思议的是竟然还有 13.71% 的学生选择了 C"不能"，这只能理解为这部分学生的课外阅读接近于无。选择 A 项的人数排在第二的是第 6 个问题"能否猜出故事后半段的情节"，比例达到了 32.26%，这也是在剩余 6 个问题中选择 A 项的比例超过 30% 的唯一问题。7 个问题中选择 A 项人数最少的是第 7 个问题"能否根据不同的阅读目的，采用不同的阅读方法"，比例仅为 26.61%，四分之一略强，同时，竟然还有接近四分之一的学生表示不能选择阅读方法。浏览、略读、精读等阅读方法在初中已经学过，并且有专门的单元进行训练，而且，在课堂教学中，教师也会有意识地让学生进行不同的阅读，然而，从统计数据来看，学生对阅读方法的掌握情况却多少有些令人失望。

在 7 个问题中，有 6 个问题都是选择 B 项"有时能"的比例最高，且有 5 个问题的选择比例超过 50%，第 7 个问题选择 B 项的比例也接近 50%。其中，第 1 个和第 2 个问题的考察目标是学生对字词句书面意思的理解能力，超过 60% 的学生选择了 B 项，同时，这两个问题也是 C 选项所占比例最低的，都没有超过 10%，说明高中学生经过了小学、初中的学习之后，已经积累了一定数量的字词，并能在此基础上推测生字词的含义，理解句子的意思。第 3 个问题"能否注意文章叙述的前后关系"是选择 B 项人数较少的一个问题，选择 C 项"不能"的比例却达到了 20.16%。对作品的整体理解程度的高低和能否理清作品前后的叙述关系直接相关。语文试卷中科技说明文的阅读在考查学生筛选信息能力的同时，就比较注重考查学生对文章前后关系的准确把握，而这种能力的欠缺必定会影响到学生的语文成绩。

从这些数据来看，学生的阅读能力普遍比较弱，阅读水平普遍偏低。如前所述，这个结果从学生试卷中得分最低的往往都是在现代文阅读部分也可看出。

结　语

作为高考的三大学科之一，语文学科相对于其他学科而言，有许多自身独具的特点。就其本身而言，应该成为最受学生欢迎和重视的学科。然而,让人觉得尴尬的是事实并非如此。在重点中学内,语文教学在整体状况较好的形势下,也存在许多不尽如人意之处,主要问题是日常教学仍将焦点集中在高考需要,学生主观能动性不强,课内向课外的延伸拓展不够,学生阅读能力和水平较低,等等。这些问题在今后较长的一段时间内,仍然是限制我们的语文教学水平进一步提高的瓶颈,想方设法解决好这些问题,将是我们今后努力的方向。

三、阅读与师资教育调查

在课题进行期间遇到了新情况,青海省教育厅为了进一步优化教育资源,调整办学结构,扩大优质教育资源总量,推进素质教育和基础教育课程改革,决定对全省中小学进行撤并、新建、改造,调整中小学布局。小学调整消除布点中的盲点,州县以寄宿制学校建设为主,逐步解决资源总量不足的矛盾。中学调整推行高初中分设,扩大义务教育优质资源规模,创造有利于推进素质教育的条件,逐步实现以县为主的义务教育办学体制;加强优质高中资源的建设,改变优质资源不足和学校小而散的局面,各县建设1—2所寄宿制高级中学,发挥示范学校的教育支撑点作用,为普及高中教育打好基础。这一调整涉及上千所学校和上万名教师,学校老师情绪波动很大,学校的基础设施和基本情况发生了很大变化。我们的课题也需作出相应的调整。

据我们对省会西宁的几个中学做的调查来看,老师们普遍反映的问题有两个:一是学生的语文水平在近几年有所下降;二是近几年分到学校的大学毕业生质量下降。学生的语文水平下降,我们多少有些感觉。从历年高考改卷就能看出来,近年来让人眼前一亮的好作文越来越少,没有什么大毛病、也无什么特点的中等水平的作文数量激增。2010年青海省高考语文试卷共33634份,作文得分在42—48分的有24536人,50分以上的不足千人。大部分作文文体不明确,语言组织能力、表达能力差,词汇贫乏,错别字多,尤其是常用字错得多。为了对付高考,有的考生以不变应万变,屈原、勾践、李白、杜甫、陶渊明、苏轼、鲁迅成了百试不爽的灵药,稍加改换就可拿来用。第二个问题却是我们没有想到的。青海省语文教育的师资有70%左右是由青海师大和青海师专培养的,多年来社会对他们的评价还是不错的,为什么会出现这种变化呢?于是我们设定了两个子课题:一、课外阅读情况的调查(其中包括对老师的调查);二、青海省师范教育现状的调查。

(一) 课外阅读情况调查

我们认为学生语文水平的高低除了课堂教学之外,与课外阅读有很大关系,阅读量的大小对其写作水平的高低有直接影响,前人所谓"熟读唐诗三百首,不会作诗也会吟"、"读书千遍,其义自见",都已说明了阅读的重要性。而现今的学校教育过于功利化,追求升学率的倾向直接导致学生阅读量的下降,这是造成语文水平下降的主要原因。其实在学校教育的大背景下,不仅学生阅读量不足,就连老师也忙于日常事务性工作无暇阅读,这从我们对教师阅读情况的调查中得到了证明。这一调查的对象是青海师范大学汉语言文学函授班的学生,其中90%以上都是各级学校的老师,调查问卷中设计了职业一栏,保证了调查数据都来自教师。

该项调查的对象共计173人,其中语文教师126人。他们日常了解信息的主要渠道首推电视,占84%,其他依次是网络、报纸。闲暇时主要看的是电视,占63%,其他依次是报纸、休闲杂志、网络资料、文学作品。看教学参考书的比例最低,为27%。影响自己读书的主要原因是"没时间",占61%。经常看的杂志最多的是《读者》,占69%。其他依次是《故事会》、《知音》、《青年文摘》、《婚姻与家庭》,看《中小学语文教学》的占19%。在我们所列的十部文学作品中,看过最多的是《亮剑》,占50%。最少的是《陈寅恪的最后二十年》,占0.02%。其次是《往事并不如烟》,占11%。他们所教的学生最爱看的书首选是动漫,为48%,其次是教辅书,占40%。这与对学生的调查相吻合。

教师的阅读量少,主要原因是没有时间。平时忙于教学和事务性工作,没有多少时间读书,假期里又要参加名目繁多的各类培训,少则15天,多则一个月,如果不参加就会影响到聘任上岗、职称评定等。这类培训对教学有帮助,但数量不多,大多是为取得各种资格证而办的短训班,由于往往是和各级教育部门联合举办,经济利益驱使下,各级教育主管部门乐此不疲,发文件,下通知,老师们不得不服从。当然,最主要的原因还是主观意愿不强,这从对他们闲暇时间的调查结果可以看到:63%的人是看电视,其后依次是看报纸、休闲杂志、上网、看文学作品,看教学参考书的最少。这也说明教师中缺少紧迫感、危机意识。调查对象87%都来自各州县的基层学校,周围的大环境较差,读书风气不浓。玉树、果洛等高寒地区,由于受少数民族文化习俗和地理、气候条件的影响,读书氛围更加淡薄。从阅读的内容看,教师也不可避免地受到社会大环境的影响,趋于浅阅读、休闲化。

中学生课外阅读情况选了西宁市的一所重点中学、循化县一所普通中学和互助县四所中学做了问卷调查。经过对比发现,西宁市的中学生课外阅读情况与内地学校差别不大,主要表现为阅读内容质量太低,动漫占了较大比例,越到高年级越没有时间读书,初中阶段被素质教育占用了大量时间,家长反对,老师不支持等。语文新课程标准对高、初中生阅读名著的内容和数量都有一定的要求,《初中毕业生语文学业考试大纲》还对考试涉及的课外名著篇目做了具体规定。如2009年青海省的课外阅读篇目规定为《朝花夕拾》、《繁星·春水》、《西游记》、《水浒传》、《骆驼祥子》、《鲁滨逊漂流记》、《格里佛游记》、《名人传》、《童年》、《钢铁是怎样炼成的》、《汤姆·索亚历险记》、《威尼斯商人》12部。据我们调查,真正读完的,连10%都不到。

而循化县、互助县的调查则显示了一定的特点:这里的学生的课外时间比较充裕,但由于经济情况较差,家庭不重视,阅读情况更不理想。高中生里只读过一本名著及没有读过的比例高达71%。学生自己买课外读物的不到15%,其中又有60%买的是教参类的读物。课余时间看课外书的学生只占10.98%,做作业的达63.21%;书的来源,71%的学生是互相借,7.1%的学生租,藏书不超过20本的家庭达87.7%;79.47%的学生不常逛书店。图书馆的情况也不容乐观,互助县互助四中、东和中学、西山中学、台子中学、松多中学、南门峡中学6所学校中,有图书室并向学生正常开放的只有2所。这些学校图书室的图书大都是为了应付"两基"达标验收而购买的书店压仓图书,此外就是靠师生捐助。大部分图书内容陈旧,知识老化,可读性不强。在问卷调查的

84所中小学里,50所学校有图书室,56所学校有远程教育设备。远程教育的投入远比图书室的建设大,是由于是国家投资,所以普及率较高,而图书室的建设就没人关心了。这一数字的差别也可以看到西部特色。

在有限的条件下,基层语文教师还是做了大量的工作,努力提高学生的阅读兴趣。如开展读书会活动,事先确定时间和内容,定期交流,组织者编辑读书小报;定期组织朗诵比赛、讲故事比赛;定期检查读书笔记,进行讲评,奖勤罚懒等。同时,针对目前网络阅读越来越普及、越来越广泛的实际情况,调查者也提出了对网络阅读的指导问题,但这种指导实行起来难度太大,可操作性不强。不过,问题本身还是值得我们注意。

(二) 师范教育现状的调查

对师范教育现状的调查主要集中在以下两方面:(一)师范教育课改;(二)成人师范教育。

青海省语文师范教育原先主要由青海师大和青海师范专科学校承担,青海民族学院中文系的部分学生也被补充到中小学,但人数较少,不足5%。2000年青海师专并入青海民院,使青海民院也有了中文师范教育。这两个学校每年各自招收一个师范班,其他都是行政文秘、商业文秘等。应该说就业竞争还不太激烈。但自允许非师范专业学生考取教师资格证从事教师职业以来,情况有了较大变化。每年参加中小学教师招聘考试的学生中,60%以上都是非师范生,考取的学生中非师范专业的比例也在50%以上。就青海省高校的教学计划看,非师范生的课程设置与师范生有较大差异,不但基础课的课时少了将近三分之一,很多专业课的设置也不一样。加上少了教育见习和实习环节,使这些学生在短期内很难适应教学单位的要求。

师范教育在这些年也有较大改革,出于急功近利的考虑,大力压缩传统课程课时,增加所谓的运用性课程,再加上公共课,尤其是英语教学占了较多时间,使得传统基础课受到较大冲击,课时严重不足。如古汉语课时由原先的108课时压缩到72课时,文秘专业甚至只有54课时;世界文学也只有72课时。许多基础知识都被缩减,练习做得更少。

而新设的许多选修课实际是出于教师评职称的需求,如大量压缩"中国文学史"的课时,新设"古代小说专题"、"古代散文专题"、"古代诗歌专题"、"古代戏剧专题"等课程,又没有自己的研究作为基础,实际效果并不好。

在教材使用上也出现了偏差。教材编著应该是件很严肃的事情,没有长期的研究和积累,不敢轻易着笔。而一些基础课程大都有比较成熟的权威教材,研究、吃透这些教材,再加以补充,完全可以满足日常教学的需要。由于评职称时需要科研成果,于是编教材就成为捷径之一。抛开公认的比较成熟的教材不用,一些选修课甚至基础课程的教材都由本系教师集体或个人编著。由于缺少权威部门的审定,加之参编者水平参差不齐,很多是由研究生执笔,这些教材的质量很难得到保证。有些教材存在明显的编校方面的错误,这都会误导学生。在日常学习中,有余力去参考其他教材的学生不多,这就势必影响教学质量。

教学中出现的问题还和高校的评价机制有关。由于追求政绩的思想作怪,有的学校自己的定位就出现了问题:地处边远,经济实力与文化底蕴都不足的青海高校却要办成"研究性大学"。出于这种定位,就要求出科研成果,定指标、下任务。教师评定职称时根本不管教学效果,认为教学是软指标,无法量化,关键要看科研成果。这样的导向使很多教师认为教学无关紧要,转而把更多的精力放到写论文上去,失去了教学热情,教好教坏一个样,干多干少一个样,印出来的垃圾多了不少,学生的怨气多了不少。

还有领导观念的问题。学校的领导是大学里的管理者,有着明确的行政级别。从观念上说他们应当服务教师,但实际上,他们掌握着大量的资源,手握教师的命运。同时,大学的各种学术组织也为行政所垄断,学术委员会按行政级别为大学行政官员所瓜分,大学教师的学术权利得不到充分重视,行政人员为了评职称,纷纷在院系兼课,每周只要上2节课就可以满足评审条件,这样的课质量可想而知,学生不了解内情,对学校教学的评价越来越低。这些年学校教师的学历越来越高,讲课质量好的却不多。

提高中小学教师学历达标率,成人教育是一条有效的途径。但这些年青海省成人教育的质量严重下降。对各级学校而言,老师们提高学历主要有两条途径,一是函授,二是参加成人高考。全省成人教育主要由青海师大承担。目前脱产学习的成人学员越来越少,本科生每年只有一个班。由于收费较低,再加上不好管理,学校积极性不高,2009年已停止招生。成人学员的出勤率始终是个老大难问题,能坚持上课的学生不到40%,但最终大都能顺利毕业。至于论文,90%以上都是从各种渠道抄来的,答辩只是走走形式。这种情形与二十年前简直是天壤之别。

这些年函授教育学生大量增加,由于各级学校定岗定编,老师们不敢脱岗学习,就选择寒暑假授课的函授。中文专业的函授班每届多达十个以上,由于是集中授课,专业课老师不足,就由非专业老师和研究生顶替,课程质量很难保证。函授学员出勤率更低,往往不到30%。加上课程质量不高,形成恶性循环,积重难返,学校有关部门想了很多办法,但收效不大。最终90%以上的学员都能毕业。毕业论文更是一塌糊涂,95%以上都是抄来的。指导教师如果坚持原则不予通过,就会有函授部的人来求情,直至以后不让你参与函授工作。出于经济利益的考虑,绝大部分老师只能闭着眼睛让学生过关。而这些学生80%以上都是各级学校的教师,他们的水平直接决定着未来学生的水平。

结　论

第一,教育观念必须改变。在现行教育体制下,短期内改变语文教学"费力不少,收效不多"的现象希望不大。应试教育使得老师、学生的全部注意力都放在猜测、分析每年的高考试卷上,忽视了基本素质的提高。大量的题海战术、严格的军事化管理、重复的无效劳动,使得学生极度厌恶高中阶段的学习,急于逃离苦海。这样的效果,与教育的本质大相径庭。如果高考制度不改革,老师、学生、家长的观念就不会转变,学生的课外阅读也不会受到重视。语文教学面临前所未有的挑战,除了改变观念的挑战外,还面临社会上各种诱惑的挑战。在图像文化占据上风的大背景下如何使学生对阅读产生兴趣,是一个长期而又艰巨的任务。对农牧区基层的一些学校而言,当务之急是图书馆的建设,如果连书都没有,观念的改变就无从谈起。

第二,教育的根本目的是提高受教育者的素质。对语文教育而言,培养人的交流能力、沟通能力是主要任务之一。在少数民族地区,加大双语教学的力度,提高少数民族学生的汉语水平和普通话水平,对于落后地区的脱贫致富有重要意义。毕竟大量的经济信息和社会信息还是以汉语为载体的,国内经济发达地区也主要集中在东南沿海和长三角一带,提高少数民族学生的汉语水平,对于他们日后的生活道路大有助益。

第三,青海省师范教育存在的问题与高校扩招有直接关系。由于扩招直接关系到经济利益,师范专业的收费比起其他新设专业低将近50%,各个学校对师范专业积极性不高。对青海这个欠发达地区而言,教育经费本身就不充足,扩大招生扩充专业收取学费当然是个重要补充。新专业的急剧增加势必影响师范专业的教学质量。急功近利的改革也影响了教学质量,我们增加了一些实用性课程,却忽视了对学生专业素质的培养。学生走上工作岗位后往往显得后劲不足,离开教参就没有办法教学。有鉴于此,青海师大中文系拟修订师范专业教学计划。成人师范教育存在的问题更为严重,弄虚作假普遍存在,这种情况短期内无法改变。

第四,语文教改的推行应该因地制宜,不能强求一律。各地经济发展的水平不同,教育投入的力度不同,学校的硬件设施不同,教师的水平不同,学生的素质不同,很难用同一标准去要求。如果强制施行,只能适得其反。大多数地区和大多数老师迫于无奈,更多的只是做一些表面文章,既浪费了资源,又浪费了精力,并未取得实际效果。

第五,青海省边远地区的教育资源不足由来已久,应该以玉树重建为契机,增加玉树地区和其他相似地区教师的编制,并实施动态管理;利用学生异地求学的机会,组织老师到内地教育发达地区学习取经,在提高学校硬件设施的同时,大力提高软件设施,逐步改变边远地区教育落后的现状。同时,在重建过程中要注意同一区域内教育资源的公平,如果与其他地区差距太大,势必引发新矛盾。

北京市中学语文教师阅读状况调查报告

张 杰

一、调研目的与方法

中学生的课外阅读是中学生语文学习的重要组成部分,也是中学生成长过程中的重要影响因素。中学语文教师的阅读状况与中学生的课外阅读状况密切相关,如果教师不读书,也就无法有效地指导学生的课外阅读。而教师一直被定位在教育者的角度上,对中学语文教师的阅读状况缺乏应有的关注和研究。由关注学生阅读到关注教师阅读,反映了教育改革的发展。关注教师阅读状况,就是关注教育的未来。关注中学语文教师的阅读状况,提升教师的阅读水准,亟待重视。中学语文教师的阅读状况如何?对学生课外阅读的指导情况怎样?目前尚缺乏广泛的调研。

《全日制义务教育语文课程标准(实验稿)》、《普通高中语文课程标准(实验)》(此二文件以下简称《课标》)对学生的课外阅读均有相关要求,提出了关于课外阅读的教学建议,推荐了课外阅读书目。课外阅读书目是否合用?课外阅读的教学建议是否得到落实?中学语文教师有何意见?目前也缺乏广泛的调研。

北京教科院基础教育课程教材发展研究中心、北京大学语文教育研究所于2008年4月对北京市进行了中学生课外阅读状况调查。调查分中学生和中学语文教师两部分,本报告是中学语文教师部分的总结。(报告中标注"学生问卷"的是对学生的调查,未标注的是对中学语文教师的调查。)

我们试图通过调查研究,全面了解北京市语文教师阅读的现状、语文教师对学生课外阅读的指导情况和语文教师对《课标》中相关内容的意见,进行科学分析,提出建议,为决策者、学校和教师的工作提供科学依据,进一步改进对中学生课外阅读的指导工作。

调查时间:2008年4月

调查对象:

调查北京市18个区县的初中语文教师211名,占全市初中语文教师总数的4.2%。具体分布如下:

东城	西城	崇文	宣武	朝阳	海淀	石景山	门头沟	昌平	大兴	房山	通州	顺义	怀柔	平谷	密云	延庆	燕山
10	10	10	24	11	20	7	9	20	10	10	10	10	10	10	10	10	10

调查北京市17个区县的高中语文教师179名,占全市高中语文教师总数的5.8%。具体分布如下:

东城	崇文	宣武	朝阳	海淀	石景山	门头沟	昌平	大兴	房山	通州	顺义	怀柔	平谷	密云	延庆	燕山
3	10	6	15	20	10	10	15	10	10	10	10	10	10	10	10	10

此次共计调查北京市中学语文教师390名,占全市中学语文教师总数的4.8%。具体分布如下:

东城	西城	崇文	宣武	朝阳	海淀	石景山	门头沟	昌平	大兴	房山	通州	顺义	怀柔	平谷	密云	延庆	燕山
13	10	20	30	26	40	17	19	30	25	20	20	20	20	20	20	20	20

(注:北京市初中语文教师5011名,高中语文教师3111名,共计8122名。数据来自北京市教育委员会2008年1月编印的《2007—2008学年度北京市教育事业统计资料》。)

调查过程:全市由项目组负责编制调查问卷,制定调查问卷抽样设计标准。各区由各区语文教研员负责问卷的发放、作答和回收。所发放问卷全部回收,答卷基本符合要求。数据统计由专业人士操作,力求准确无误。

调查方式:问卷调查为主,个别访谈为辅。

问卷设计:针对初、高中语文教师各设计一份问卷。初中语文教师问卷20题,高中语文教师问卷12题。大多数是选择题,以求客观准确;少数是简答题,以求全面具体。根据调查细目设计问题组,问题之间相互印证,以求调研结论的科学准确。

二、调研结果与分析

初中部分

(一) 初中语文教师阅读的时间和阅读量

31%的初中语文教师没有固定的阅读时间,表明阅读的随意性较大。这个问题可能与"影响初中教师阅读的不利因素"的调查中反映的"没有时间"(占76%)相关。教师的主要业余时间用于备课,而且比例最大,超过做家务、看电视、看书时间的总和。这既反映了语文教师的责任心和敬业精神,也反映了语文教师工作的繁重。

阅读的时间

A. 每天读	20%
B. 每周读	35%
C. 每月读	2%
D. 每学期读	11%
E. 不固定	30%
F. 不读	2%

每天或每周坚持阅读的共占55%,表明超过半数的初中语文教师已基本形成阅读习惯。还有2%的初中语文教师不读书。

初中语文教师业余读书时间少于看电视的时间,与上网时间相当。业余专门用于"看书"(指整本著作)的时间,在包括看杂志、看报纸、看电视、上网等时间在内的文化生活中,所占比例为19.2%,似略显不足。

通常每一年能完整地读

A. 15本书以上	19%
B. 15—10本	2%
C. 10—5本	24%
D. 5—1本	53%
E. 没有	2%

从初中语文教师每年的阅读量看：每年读 5 本书以上的共占 45%，近半数初中语文教师的阅读正在成为自觉要求。每年读 1—5 本的占 53%。1 本书也没读的占 2%，与前面"2% 的语文教师不读书"相吻合。一个普通市民一年也要读点书，何况一名初中语文教师？每年读 5 本书，也实在不多。可见，初中语文教师的阅读量明显不足。

（二）初中语文教师的阅读方式

您是否做读书笔记？

A. 不想做	10%
B. 想做，但没时间	51%
C. 想做，但不会	1%
D. 主要以摘抄的形式做读书笔记	23%
E. 除摘抄外，还能写出自己的感受	15%

想做和已经做了读书笔记的占被调查初中语文教师总数的 90%，表明语文学科潜在的职业要求决定了语文教师应把做读书笔记视为分内之事。语文教师读书理应具有更高的自我要求标准，得到了普遍认同。所有区县都有做读书摘抄的初中语文教师群体，占总人数 10%—30% 不等；做摘抄同时还写心得感受的占 15%，分布于北京市 18 个区县中的 13 个区县。51% 的初中语文教师提出想做读书笔记但没时间，这一理由可能来自主、客观两方面因素：从主观方面看，若绝对没时间，38% 的做读书笔记的教师出自同样的区县和学校，无法解释，显然时间利用尚有空间，而不同教师的阅读理念、动力存在较大差异；从客观方面看，语文教师阅读时间的问题的确需要协调解决。

（三）初中语文教师阅读的相关因素

影响您进行阅读的最不利因素是

A. 没有兴趣	0%
B. 没有时间	77%
C. 可读的书少	7%
D. 缺乏交流	12%
E. 没有动力	4%

所有被调查教师中没有对阅读失去兴趣的。这是调动其阅读积极性的心理基础，也是进一步在其阅读的量与质方面提出要求的前提。

初中教师反映没时间阅读的占77%，这个数字虽与每天或每周读书（做到了经常读）的教师比例（占55%）相比显得有些夸张，但这一强烈呼声却反映了教师阅读的愿望，而时间紧则是广大教师阅读要求得不到满足的突出原因。同时时间紧也是学生课外阅读存在的重要问题之一。

12%的教师反映，缺乏读书交流是影响阅读的不利因素。这一方面反映了学校缺乏读书氛围，缺少教师读书交流的机会，也表明在教师群体中尚未形成良好的读书风气。应试教育体制下，许多教师觉得读书没多大用处，学校也没有什么读书要求。另一方面，自认为"科班"出身的教师自己就是应试教育下的产物，做学生时读书不多，读书的兴趣与能力没有得到充分的培养与发展，习惯也没有得到很好的培养。

（四）初中语文教师对学生阅读的指导情况

语文老师对你的课外阅读（学生问卷）

A. 推荐书目，给予指导	45.1%
B. 推荐书目，未作指导	41.6%
C. 未推荐书目，未作指导	13.3%

您对学生的课外阅读

A. 推荐书目,给予指导	61%
B. 推荐书目,未作指导	34%
C. 未推荐书目,未作指导	3%
D. 其他	2%

您每学期用于课外阅读指导的课时是

A. 10—15 课时	24%
B. 5—10 课时	29%
C. 5 课时以下	37%
D. 没有安排指导时间	10%

你是否希望有介绍课外读物的活动?（学生问卷）

A. 非常希望	45.2%
B. 比较希望	31.7%
C. 无所谓	20.6%
D. 不大希望	1.5%
E. 不希望	1.0%

如果有课外阅读课,你希望怎么上?（学生问卷,多选）

A. 自己自由阅读	81%
B. 教师引导阅读	35%
C. 同学间互相交流	24%
D. 不愿有课外阅读课	20%

如果有专门的课外阅读课,您打算怎么上?（多选）

A. 写读后感	80%
B. 共同阅读	70%
C. 品评作品	35%

对比学生问卷"语文老师对你的课外阅读……"和教师问卷"您对学生的课外阅读……",学生和教师的认识有所不同。

对教师的调查表明,有61%的初中语文教师认为自己对学生的课外阅读不仅推荐了书目,还进行了指导。53%的初中语文教师认为每学期用于课外阅读指导的课时在5课时以上,只有10%的初中语文教师没有安排指导时间。这似乎表明各区县的课外阅读活动得到普遍重视,落实了《课标》关于课外阅读的建议。

而13.3%的学生反映语文教师对学生的课外阅读既不推荐书目,也不作任何指导。希望有课外读物介绍活动的学生有76.9%,不希望的只有2.5%。值得思考的是有20.6%的学生对此表示无所谓,这是因为现在的这类活动没有吸引力,还是学生对此已不抱任何希望呢?与此相一致的是有20%的学生不愿有课外阅读课,81%的学生表示如果有课外阅读课希望是自己读书。

83.2%的学生拥有与教材配套的《自读课本》,但是有14.5%的学生几乎没读过《自读课本》,有43.3%的学生只读过其中一少部分,这表明在学生的课外阅读中,《自读课本》并未发挥应有的作用,教师没有作出相应的要求和指导。这与之前老师推荐图书排在"同学推荐"之后一致,表现了语文教师对学生课外指导不足。而教师对这点认识不够,反映出指导的总体力度不够和不同教师指导力度差异较大。

80%的初中语文教师觉得专门的课外阅读课应当让学生写读后感,品评作品的只占35%。初中语文教师指导学生课外阅读的方式方法比较单调,教师在其中没有发挥应有的作用。

"每学期用于课外阅读指导的课时"和"对学生课外阅读指导"的差异,表明不同学校、不同教师对课外阅读重视程度和指导力度差异较大。

(五)《课标》相关课外阅读的情况

从教师阅读涉及《课标》所推荐的书目情况可以看出:一般对中外传统、经典、知名度较高的青少年读物更为熟悉和乐于接受。这一特点必然对学生的阅读产生影响。有利的一面是,对传统、经典名著的推荐与阅读指导有益。不利的一面是,囿于传统、经典作品,局限于个人有限的视野,可能在指导阅读中使学生更广泛、更及时涉猎新的、多方面的阅读领域受限。从教师选择推荐的作品所占比例的顺序看,小说比童话、寓言更受青睐,可见教师希望学生趋向更高的兴趣层次;中国传统与现代优秀作品更受关注,这些作品对初中学生的思想和民族文化熏陶更为适合,内容也易于接受。

您选定学生课外阅读书目的主要方式是(最多选3项)

A. 按《课标》推荐篇目阅读	18%
B. 除《课标》推荐篇目之外,教师另外补充其他篇目	21%
C. 除《课标》推荐篇目之外,师生共同补充其他篇目	33%
D. 除《课标》推荐篇目之外,学生自选补充其他篇目	18%
E. 不考虑《课标》的推荐,由学生集体讨论选定	3%
F. 完全由学生各自选定自己的课外阅读篇目	7%

语文教师只按《课标》推荐的篇目确定课外读物的占18%,而认可《课标》推荐篇目又有教师或学生参与补充课外读物的占72%,加起来是90%。这表明大多数教师对《课标》推荐篇目的认可,同时体现了广大语文教师希望根据不同学校、不同学生的具体情况选取阅读内容。要求借助《课标》推荐书目,辅之以师生共同对阅读内容作必要补充的,所占比例为各选项之首,33%。这是在选择和确定课外读物的途径上最为合理、稳妥的。不考虑《课标》推荐的占10%,反映少数教师的课外阅读理念与《课标》推荐书目的初衷不相吻合。

此次调查表明初中语文教师的阅读现状不容乐观:

1. 语文教师的职业要求与北京市初中语文教师阅读现状普遍不佳形成矛盾。原因是多方面的,应当引起相关部门的高度重视。

2. 中学生浓厚的课外阅读兴趣与北京市初中语文教师指导的不足形成矛盾。

3. 语文教师对学生课外阅读指导的强烈愿望与实际指导的不利形成矛盾。北京市初中语文教师对学生课外阅读指导有强烈愿望,但事实上指导不足,方式单一。不同教师对学生课外阅读指导有明显差异。

4. 教育部门对语文教师课外阅读指导的要求与对语文教师相关培训的缺失形成矛盾。教师无法可循。

5.《课标》的课外阅读相关部分存在明显不足,应及时修订,起到更明确的指导和帮助作用。

高中部分

高中语文教师调研内容主要包括以下十二个方面:

1. 语文教材的版本情况
2. 补充适合高中生背诵的优秀古诗文篇目
3. 补充适合高中生诵读的白话诗文篇目
4. 遴选《课标》所列课外读物中适合高中生课外阅读的篇目
5. 补充高中生课外阅读篇目
6. 选择和确定学生的课外阅读书目的依据
7. 每学期用于课外阅读指导的课时
8. 课外阅读的指导方式
9. 所任教的班级进行课外阅读的学生占班级总人数的百分比
10. 课外阅读是否应该占用一定的专用课时
11. 学校为课外阅读设置专用课时量
12. 如何看待和处理课内阅读与课外阅读之间的关系

其中,第2、3、5、8题以简答题形式呈现,其余题主要以选择题形式呈现,第1、6、12题可以在选择之外补充自己认为合适的答案。

(一)对课标所列课外读物的认可情况

本题调查的是列入《课标》的30种课外读物,其中中国读物17种,外国读物13种;从文体看,小说14种,散文5种,诗歌3种,戏剧4种,传记1种,文艺、文化论丛3种。

调查显示,认为适合高中生阅读的读物中列前10位的是:《论语》(72%)、曹禺《雷雨》(70%)、海明威《老人与海》(68%)、朱自清散文(65%)、沈从文《边城》(57%)、曹雪芹《红楼梦》(53%)、欧·亨利短篇小说(53%)、莫泊桑短篇小说(49%)、罗贯中《三国演义》(47%)、鲁迅《呐喊》(43%)。

前10位中,中国读物7种,外国读物3种;小说7种,散文2种,戏剧1种。7种中国读物中,古代作品3种,现代作品4种;3种外国读物都是小说。

列中间10位的是:契诃夫短篇小说(42%)、老舍《茶馆》(34%)、塞万提斯《堂吉诃德》(31%)、鲁迅杂文(30%)、孟子(30%)、雨果《巴黎圣母院》(28%)、泰戈尔诗(27%)、巴金《家》(27%)、莎士比亚《哈姆雷特》(25%)、巴尔扎克《欧也妮·葛朗台》(24%)。

中间10位中,中国读物4种,外国读物6种;小说5种,散文2种,戏剧2种,诗歌1种。4种中国读物中,古代作品1种,现代作品3种;6种外国读物中,小说4种,戏剧1种,诗歌1种。

列后10位的是:朱光潜《谈美书简》(15%)、茅盾《子夜》(9%)、庄子(8%)、吕叔湘《语文常谈》(8%)、普希金诗(7%)、列夫·托尔斯泰《复活》(6%)、艾克曼《歌德谈话录》(6%)、王实甫《西厢记》(5%)、狄更斯《匹克威克外传》(5%)、郭沫若《女神》(2%)。

后10位中,中国读物6种,外国读物4种;小说2种,散文1种,戏剧1种,诗歌2种,文艺、文化论丛3种,传记1种。6种中国读物中,古代作品2种,现代作品4种;4种外国读物中,小说1种,诗歌1种,传记1种,文艺论丛1种。

(二) 对于课标所列各类文章篇目的补充建议

1. 古诗文背诵篇目的补充建议

从教师所补充优秀古诗文背诵篇目来看,见仁见智,涉猎非常广泛。这在情理之中,因为对于古诗文的鉴赏更大程度上是一个"私人问题"。以下所列相对集中,是公认的名篇,可以考虑让学生背诵。

8%《师说》	7%《将进酒》	5%《劝学》	5%《江城子》	3%《雨霖铃》	3%《长恨歌》

要说明的是,其中的《师说》和《劝学》已然列入了《高中课程标准》"关于诵读篇目的建议"中。

2. 白话诗文诵读篇目的补充建议

教师推荐给高中生诵读的篇目中,《祖国啊我亲爱的祖国》共荐的比率高达11%,《荷塘月色》也达到了5%。文体统计结果显示,26%的教师推荐了散文和诗词,也就是说,诵读篇目的选定宜以散文、诗词为主。

3. 课外阅读篇目的补充建议

作为高中课外阅读的补充推荐读物,34%的老师提到了中国当代文学,显然教师认为学生对读物的时代性很关注。从具体篇目看,《孙子兵法》、《易经》、《论语》、《老子》等古代优秀作品备受青睐,约14%的教师提及;余秋雨和毕淑敏的散文也很受追捧,分别达到了9%和5%。

(三) 对课外阅读的认识情况

1. 对选择和确定课外阅读书目依据的认识

您会怎样选择和确定学生的课外阅读书目?

A. 依《课标》推荐篇目为选择范围	17.3%
B. 在《课标》推荐篇目的选择之外,教师另外补充其他篇目	24.8%
C. 在《课标》推荐篇目的选读之外,师生共同补充其他篇目	49.4%
D. 在《课标》推荐篇目的选读之外,由学生自选补充其他篇目	2.7%
E. 不考虑《课标》推荐篇目,完全由学生集体讨论,选定班级必读的课外阅读篇目	0.9%
F. 完全由学生各自选定自己的课外阅读篇目	0.0%
G. 其他	4.9%

选择不考虑《课标》推荐篇目的只占0.9%,可见大部分教师对于《课标》选定的课外读物是基本认同的。同时,主张对《课标》进行补充的占了多数,达到了74.2%,无论是教师另外补充还是师生共同补充,都强调了教师在推荐篇目时的主导作用。至于完全由学生自主选定篇目,所有教师都不认同。当然,还有4.9%的教师另有想法。

2. 对课外阅读是否占用专用课时的认识

98.9%的教师赞成课外阅读应占用专用课时。

3. 对学校设置课外阅读专用课时时长的认识

在课外阅读课时设置问题上,一半以上的教师认为每周一课时比较好,占 55.7%;每周两课时的比例也很可观,占到了 33.4%;而每两周一课时的只占 10.9%。由此可见,大家普遍赞成要给出课外阅读课时,且至少每周一个课时。

4. 对课内阅读与课外阅读关系的认识

您是怎样看待和处理课内阅读与课外阅读之间关系的?

A. 课内阅读为完成教学、应试任务;课外阅读为开阔视野。两者基本相互独立。	2.5%
B. 考试的阅读要求在课内难以完成,需进行适量的课外阅读训练,以提高成绩。	9.2%
C. 课内阅读是范例,课外阅读是拓展。为学生素质的提高,两者须紧密结合。	88.3%
D. 其他	0.0%

在处理课内阅读和课外阅读的关系上,88.3% 的教师选择了"范例—拓展",这说明教师们对此有一个客观辩证的认识。另外,还有 9.2% 的教师从考试的阅读要求出发提出要进行适量的阅读训练;有 2.5% 的教师认为课内阅读和课外阅读是相互独立的。

(四)对课外阅读的指导情况

1. 每学期用于课外阅读指导的课时

每学期用于课外阅读指导的课时主要集中在 5—10 课时之间,占 54%。介于没有安排课时到 5 课时之间的有 38%。很少教师完全没有指导,也很少有教师每学期安排到 10—15 课时。具体如下:

您每学期用于课外阅读指导的课时是

A. 10—15 课时	2.5%
B. 5—10 课时	54.1%
C. 5 课时以下	38.2%
D. 没有安排指导时间	5.2%

2. 对课外阅读的指导方式

这是一道简答题，多项选择，其中涉及的课外阅读指导方式多种多样，但又相对集中。其中"师生交流"的方式最多，占到了 65%；其次是"写读后感"的方式，占到了 57%；"阅读赏析"也是很重要的方式，占13%。具体如下：

写读后感	57%
师生交流	65%
赏析	13%
其他	4%

（五）被测教师任教班级学生开展课外阅读的情况

被测教师任教班级中，进行课外阅读的学生集中在两个百分比段：一是 30%—40%，一是 80%—90%。这说明有的班级阅读状况比较好，大部分学生都参与到了课外阅读中；而有的班级却不怎么好，只有少数学生参与到了课外阅读中。具体如下：

您所任教的班级进行课外阅读的学生占班级总人数的百分比是

A. 90% 以上	1.3%
B. 80%—90%	28.9%
C. 70%—80%	3.8%
D. 60%—70%	6.2%
E. 50%—60%	15.7%
F. 40%—50%	5.8%
G. 30%—40%	30.8%
H. 20%—30%	3.0%
I. 10%—20%	3.7%
J. 10% 以下	0.8%

从这次对高中教师的调查,可以看出在课外阅读方面,确实还存有一些亟待解决的问题,具体如下:

1. 《课标》中有些课外读物不被师生认可,需要删去。
2. 《课标》中有关的课外读物缺少中国当代的文学佳作,需要补充。
3. 《课标》中有关的课外读物没有考虑到不同地区的差异,需要研究这种差别并调整相关篇目。
4. 推荐上来的背诵和诵读篇目比较散,需要寻找其中的原因。
5. 大家都希望有专门的课外阅读课时,但多少合适,在新课程本身课时很紧的情况下如何补充课外阅读专门课时,需要细致研究。
6. 课外阅读指导方式比较单一,其有效性也需要考量。
7. 课外阅读现状不容乐观,两极分化现象严重,这对于学生打好基础不利。
8. 课内阅读和课外阅读的关系大家都比较明确,但如何操作并不是很明确,还缺少实践的范例。

三、结论与建议

(一)对教育管理部门的建议

世界上很多发达国家都非常重视公民的读书问题,这也是他们国民文明程度较高的主要原因之一。我国即使把学生的教科书算进去,年度人均读书也只有5本。人均读书上去了,国民整体的文化素质何愁不提高?倡导教师读书并带动学生阅读,有一个极为重要的社会意义,这就是为现代中国培养"读书人口"。对此,教育管理部门应有明确的认识,并有责任使学校形成共识。

1. 建议为学校管理人员和教师减负,使教育工作者沉下心来读书思考。鼓励社会图书馆用多种形式为教师和学生服务。
2. 建议减轻教师负担,为教师创建良好的读书环境,关注教师的精神成长;建立相关激励机制,形成良好的读书风气;以科学的全面的评价标准为导向,引导教师将自身素质的全面提高与对学生的素质教育有机地联系起来,增强其自我综合素养提高的自觉性。

3. 建议将读书自修纳入教师进修活动,使读书这一重要自修学习方式回归应有的地位;将"如何指导学生课外阅读"纳入语文教师进修的内容,在教学实践中指导教师,培养教师这方面的能力。

4. 建议修改《课标》中的课外阅读部分。

(1) 做好《课标》中课外读物的增删工作,特别是要遴选出中国当代文学作品中的精品,适量增补进来。

(2) 考虑好各年级段的差异,给出一个梯级次序,供师生参考。

(3) 建议出台两份以上的推荐书目,以供不同层次水平和学习阶段的学生选用,体现新课程"可选择性"的特点。

(4) 建议做好"优秀书目库"工作,以提供资源平台,方便学校、教师、学生自主选读。

(5)《课标》中《关于优秀诗文背诵推荐篇目的建议》(实际上是古诗文)很有必要,应当保留和不断完善。应说明推荐理由,便于教师实施。

(6)《关于课外阅读的建议》所列出的推荐篇目依据不明。外国文学篇目明显占了大多数。这对于母语学习是否合适?此外,将这些具体作品篇目列入《课程标准》是不是适当?如有具体篇目的推荐,应说明推荐理由,便于教师实施。

(7) 应当更加明确对学生的课外阅读指导并非语文课的附加内容,而是语文课必不可少的重要组成部分。应更加明确语文教师对学生进行课外阅读指导的目标、步骤、内容和方法,可推荐一些行之有效的课外阅读活动。应对学生课外阅读指导提出具体要求。

(8) 设置"课外阅读"课程,做好课外阅读专门课时的分配研究工作,综合权衡,定好课时量,把"课外阅读"纳入正式教学的范围,使其具有"合法性"的地位,并且把中小学生的课外阅读情况纳入评价范围。

(二) 对学校的建议

1. 学校应摒除对教师无实际意义的形式化要求,使之最大限度减负,为其提供有保证的读书自修时间,多为其提供自我长期发展的空间和人文关怀;充分肯定教师的敬业精神和注重读书的主流,爱护教师现有的读书热情;建立校内的读书展示交流平台和激励机制;发现和扶持读书治学的教师和集体典范,大力倡导读书治学良风,使以读书自修为重要内容的教师素质建设受到应有的重视,为教师的专业发展注入动力。

2. 为教师创设良好的读书环境。要充分利用校内外丰富的阅读资源,开展形式多样的读书活动。特别应当注意充分利用学校图书馆、阅览室,广泛开展教师的读书展示交流活动,请学者做读书讲座等,对教师读书活动加以引导,逐渐渗透读书理念,推介读书经验,提升阅读水平。

(三) 对语文教师的建议

1. "把每一个学生都领进书籍世界,培养对书的酷爱,使书籍成为智力生活中的指路明灯,这些都取决于教师,取决于书籍在教师本人的精神生活中占有何种地位。"(苏霍姆林斯基)学校是读书的场所,教师必须是一个读书人。特别是语文教师,应使读书成为自己的一种生活方式。作为学生阅读习惯、阅读能力的引导者、培养者,语文教师的教学水平与他自身的阅读习惯、阅读需求、阅读品位、语文素养息息相关。语文教师的阅读量、阅读面直接决定了他们在面对学生时能够传递给学生多少有用的、有深度的信息。

2. 语文教师要与学生积极分享自己的阅读内容、读书方法和阅读体验,在师生的交流与碰撞中,引导学生有所感悟和思考,享受阅读的乐趣。这种做法会让教师的指导和评析更有的放矢,更有亲和力,更有感召力,更加得力有效。倡导师生之间、学生之间多做读书心得的交流活动。创造条件逐步建立和扩大读书交流渠道,如读书博客。

3. 语文老师要鼓励学生扩大阅读面,增加阅读量。教师应关注学生的阅读兴趣,利用多种形式定期向学生介绍书籍或书目,鼓励学生自主地选择课外读物,不必囿于《课标》推荐的书目。教师要关注学生课外阅读的自主性和独立性,给予学生充分的阅读时间、空间。教师对学生的课外阅读指导也要注重个体差异,学生应根据个人的阅读兴趣和阅读目的制定适合自己、行之有效的阅读计划,避免阅读的随意性和盲目性。

4. 培养学生良好的读书习惯,提高学生的阅读能力,特别是探究性阅读和创造性阅读的能力。鼓励学生多角度的、有创意的阅读,利用阅读期待、读后的反思及问题意识来拓展学生的思维空间,提高阅读质量。

四川省少数民族地区义务教育阶段学生汉语阅读能力现状分析
——以凉山州为例的调查研究[①]

靳 彤 张期梦

一、问题的提出

阅读是人类古已有之的活动,它贯穿于整个人类历史进程。但阅读的功能却随着社会的演进和发展不断变化着。当代社会,知识更新非常迅速,阅读的功能已经凸显于生活的各个领域,阅读已经成为每一个社会成员不可或缺的日常活动,甚至成为我们生活的依据和存在的意义。正因如此,很多研究者大声疾呼:阅读是学习的基础,阅读能力是当今社会人们获得成功的基础。有学者甚至认为,"所谓的学习,在一定程度上,就是学会阅读的过程。在学会阅读后,我们反过来再通过阅读进行学习。学会阅读(learn to read)和通过阅读来学习(read to learn)就是全部学习的基本规律和内容"[②]。

教育部 2001 年颁布的《全日制义务教育语文课程标准(实验稿)》把阅读作为语文课程中极其重要的内容,对阅读的理念、目标、实施及评价进行了相应的调整和阐释,认为"语文素养是学生学好其他课程的基础","九年义务教育阶段的语文课程,必须面向全体学生,使学生获得基本的语文素养",并明确指出"阅读是搜集处理信息、认识世界、

---

① 调查时间为 2008—2009 年。课题 2006 年立项时为《西南少数民族地区高中语文新课程适应性研究》,四川原定 2007 年进入高中新课程,后因种种原因不断延迟,直至 2010 年最后一批进入课改,因而变更为本研究。

② 刘翔平:《不会阅读的孩子:如何帮助阅读障碍儿童·序》,上海:华东师范大学出版社,2008 年,第 2 页。

发展思维、获得审美体验的重要途径"。① 简言之,阅读是获得语文素养的重要途径。那么,对学生阅读素养的核心——阅读能力的关注和研究自然成为语文教育研究领域的重要组成部分。

现有的关于语文教育阅读能力的研究多集中于城市学生,农村学生常常被忽略;研究地域多为汉族地区,少数民族地区常常被忽略。因而很难为少数民族地区的汉语文阅读教学提供可参考的数据及建议。

本研究从教育实践现场出发,力图了解四川省少数民族地区基础教育的真实状况,掌握义务教育阶段少数民族地区学生真实的汉语阅读能力及相关影响因素,初步探索真正适合少数民族地区基础教育的汉语教学理论,促进中华民族共同语——汉语在四川省少数民族地区基础教育阶段的教学。研究也尝试从语文课程改革的角度探讨四川省少数民族地区基础教育课程改革的适应性问题。课程改革最终要落实到各学科的课程改革,学科改革是基础教育课程改革的基础,从学科教学的微观层面切入是研究基础教育课程改革的重要途径。因此本研究试图通过对少数民族地区义务教育阶段学生汉语阅读能力的调查研究,为语文新课程在四川省少数民族地区的实施和完善提供参考。

二、有关概念界定

为便于理解和研究的展开,根据对已有研究成果的梳理,结合本研究实际,对下列概念进行基本界定。

阅读 本研究中的阅读特指学生从汉语文字材料中获取各种信息,理解与建构意义的心理过程。其实质是学生根据阅读的文字材料激活大脑原有知识表征,利用阅读策略以适应各种不同阅读情境的心智过程。为了将阅读与生活相联系,本研究根据阅读的目的把阅读的类型分为为了获取信息的阅读、为了获得文学体验的阅读、为了完成任务的阅读三类。

汉语阅读能力 结合研究实际,本研究不对汉语阅读能力本质进

---

① 《全日制义务教育语文课程标准(实验稿)》,北京:北京师范大学出版社,2001年,第1、17页。

行严格界定,也不对汉语阅读能力要素及结构进行重点探讨。通过对中外文献研究成果的梳理,我们认为阅读能力至少包括整体感知的能力、获取信息的能力、形成解释的能力、作出评价的能力、拓展应用的能力这五个方面。根据各个阅读能力子能力的特点,同时也为了尽量保证测评的客观准确,本研究重点对少数民族地区义务教育阶段学生汉语阅读获取信息的能力、形成解释的能力、作出评价的能力进行调查研究,整体感知的能力和拓展应用的能力放在整个测评过程中进行考察,不设计专门题目。因此,本研究所说的汉语阅读能力主要是指少数民族地区义务教育阶段学生在规定时间内阅读一定数量的汉语文字材料后所表现出的获取信息、形成解释和作出评价的能力水平。

汉语教学 在一些少数民族地区,语文教学不仅仅是指汉语教学,还包括当地民族语的教学,如四川省凉山彝族自治州彝语文与汉语文是并存的。而且少数民族地区的汉语文教学与汉族地区的语文教学在学科性质、教学目标、课程内容等方面有一定区别。当然,对少数民族地区学生的汉语教学与对外汉语教学也是不同的。为了便于区别和论述,本研究凡是涉及少数民族地区汉语文教学时通称为汉语教学。

少数民族地区义务教育阶段学生 这个概念包括少数民族地区小学初中阶段(1—9年级)的所有在校学习的汉族和少数民族学生。由于研究人力物力有限,我们无法对所有少数民族地区义务教育阶段全部学段的学生进行调研。综合教学实际并考虑调研的科学性,本研究分层随机抽取四川省凉山州部分县市的八年级个别班级学生作为调研样本。凉山州虽然是民族地区,但学生统一使用的是在《全日制义务教育语文课程标准(实验稿)》指导下编写的汉语教材,参加在《全日制义务教育语文课程标准》指导下进行的水平测试。因此,本研究在分析凉山州义务教育阶段学生汉语阅读能力水平时是以《全日制义务教育语文课程标准(实验稿)》为衡量标准的。

三、研究方法

(一)样本

为保证调研的科学性和有效性,调研样本的抽样采用分层抽样、随机抽样和整群抽样相结合的方法。

四川省少数民族主要分布在甘孜、阿坝、凉山三个自治州,充分考虑民族分布的实际情况和调研的人力物力后,本研究选取凉山彝族自治州作为调研范围。凉山彝族自治州位于四川省西南部,南至金沙江,北抵大渡河,东临四川盆地,西连横断山脉。辖区面积6.01万平方公里,辖17个县(市)、616个乡镇,其中有盐源、昭觉、甘洛等11个国家级贫困县。凉山州是全国最大的彝族聚居区和四川省民族类别最多、少数民族人口最多的地区。全州总人口435万,其中彝族197万。全州义务教育阶段学校布局基本情况如下:小学2103所,其中直属小学31所,中心校489所,村完小345所,村小1238所。小学在校生数为412164人,共有教学班11324个,平均班额为37人,校均规模196人,校均覆盖人口为1103人。初级中学83所。九年一贯制学校36所。初中在校生110973人,共有教学班2103个,平均班额为53人,校均规模669人,校均覆盖人口为18200人。①

在考虑地域分布、民族分布以及经济文化发展状况、教育整体发展状况的前提下,我们选取了西昌市、德昌县、冕宁县、盐源县、昭觉县作为样本选择县市。西昌市是凉山州的首府,经济比较发达,教育资源比较集中,汉族人口占绝大多数,汉语教学环境很好。德昌县和冕宁县是典型的汉族和少数民族杂居县,经济发展相对较好,教育水平高,汉语教学环境也较好。盐源县和昭觉县是国家级贫困县,人口以少数民族为主,昭觉县的少数民族人口甚至占到了百分之九十九以上。这两县经济文化发展相对滞后,而且除县城以外汉语教学环境不是很好,昭觉县全县都使用彝语进行交流。为使样本具有代表性,我们先将样本县市的初中分为城市中学和农村中学两大类,每个大类再按照教学水平分为一类、二类、三类三个层次,最后以班级为样本单位随机在二类层次学校中抽取一个学校八年级的一至两个中等水平班级进行测评。最终我们抽取的样本是凉山州民族中学八年级二班和十班、西昌市五中八年级二班、德昌县德昌中学八年级十三班、德昌县民族中学八年级三

---

① 该数据2007年由凉山州教科所提供。

班、冕宁县冕宁二中八年级五班、冕宁县回坪中学八年级三班、盐源县盐源中学八年级六班、盐源县干海中学八年级二班、昭觉县昭觉中学八年级五班、昭觉县竹核中学八年级二班。其中凉山州民族中学八年级二班和十班、西昌市五中八年级二班、德昌县德昌中学八年级十三班、冕宁县冕宁二中八年级五班、盐源县盐源中学八年级六班是以汉族学生为主，德昌县民族中学八年级三班、冕宁县回坪中学八年级三班、盐源县干海中学八年级二班汉族和少数民族（主要是彝族）学生大约各占50%，昭觉县昭觉中学八年级五班是以彝族学生为主，昭觉县竹核中学八年级二班全为彝族学生。本研究在上述样本班级中共抽取649名学生和11名所抽取班级汉语任课教师作为被试对象，共得到学生有效测试卷和问卷645份，教师有效问卷11份。

表1 样本分布情况

学校	班级（数）	学生数	教师数
凉山州民族中学	八年级二班	64	1
凉山州民族中学	八年级十班	64	1
西昌市五中	八年级二班	38	1
德昌县德昌中学	八年级十三班	58	1
德昌县民族中学	八年级三班	65	1
冕宁县冕宁二中	八年级五班	68	1
冕宁县回坪中学	八年级三班	57	1
盐源县盐源中学	八年级六班	74	1
盐源县干海中学	八年级二班	66	1
昭觉县昭觉中学	八年级五班	57	1
昭觉县竹核中学	八年级一班	34	1
总计	11	645	11

（二）方法与工具

1. 研究方法

本研究主要采用文献梳理法、试卷测量法、问卷调查法、师生访谈法、数据统计法进行研究。

2. 研究工具

为了能对少数民族地区义务教育阶段学生真正的阅读能力水平和思维发展水平进行评价,我们结合新课标评价理念和测评理论在已有的阅读测评工具中选择了北京师范大学中国语文与海外华文教育研究中心研制的《语文学业水平测评量表》中的八年级测评工具对样本进行测评。

这套测评工具是本世纪语文新课改正式开始后经过大量前期调研并充分吸收借鉴各种教育测评理论和阅读测评技术系统面向所有学生研制的。它主要通过具体的阅读材料在具体阅读情境中对学生获取信息、形成解释、作出评价的能力进行测评。不仅关注学生阅读能力水平状况,也关注学生回答背后的思维发展水平和影响学生阅读能力提高的各种因素。

这套工具与其他同类测评工具相比,在对阅读情境的划分、对阅读材料的选择、对学生生活的关注、对学生思维发展水平的关注等方面更加突出了现代教育理念。可以说,整套测评工具在整体上具有时代性、科学性、实用性和开放性等特点,比较适合对在新课标实施后入学的学生的阅读能力进行测评。

四、结果与分析

(一)凉山州义务教育阶段学生汉语阅读能力发展现状分析

为便于分析,我们将所有被试的阅读能力测试成绩的总分、各阅读类型得分、阅读能力各子能力得分在 Excel 表中分别进行统计,然后进行描述分析。

1. 所有被试阅读能力测试总分分市县、分学校班级的统计分析

表2 所有被试阅读能力测试总分分市县统计情况

市县	样本数	平均分	标准差	最大值	最小值
西昌市	166	51.80	9.14	68	26
德昌县	123	53.69	6.34	67	39
冕宁县	125	51.88	8.95	28	23

(续表)

市县	样本数	平均分	标准差	最大值	最小值
盐源县	140	47.81	8.27	67	22
昭觉县	91	42.71	19.70	66	4

注：阅读能力测试题目总分为71分。下同。

表3 所有被试阅读能力测试总分分学校班级统计情况

学校及班级	样本数	平均分	标准差	最大值	最小值
凉山州民族中学八年级二班	64	55.28	7.61	68	35
凉山州民族中学八年级十班	64	51.89	9.31	65	26
西昌市五中八年级二班	38	45.76	8.03	60	28
德昌县德昌中学八年级十三班	58	51.66	6.13	67	39
德昌县民族中学八年级三班	65	55.50	5.95	63	39
冕宁县冕宁二中八年级五班	68	57.68	5.45	68	44
冕宁县回坪中学八年级三班	57	44.96	7.23	57	23
盐源县盐源中学八年级六班	74	50.31	7.91	67	26
盐源县干海中学八年级二班	66	45.02	7.76	66	22
昭觉县昭觉中学八年级五班	57	56.95	5.28	66	38
昭觉县竹核中学八年级一班	34	18.85	7.18	39	4

从表2、表3中我们可以发现，各市县总分、平均分均高于及格分（42.6分），各学校班级除昭觉县竹核中学八年级一班外，也都高于及格分。这说明，凉山州义务教育阶段学生的汉语阅读能力整体上还是比较高的。但是表格中也反映出学生阅读能力存在较大的个体差异、地区差异和城乡差异。学生阅读能力水平比较分散，最高分和最低分相差很大。经济文化发展较好的西昌市、德昌县和冕宁县学生整体阅读能力要高于经济文化发展相对落后的盐源县、昭觉县。然而，最大的还是城乡差异，城市学生阅读能力整体上远高于农村学生，以彝族学生为主的昭觉县甚至成两极分布。下面我们以昭觉县学生汉语阅读能力分数分布图为例进一步看看巨大的城乡差异。

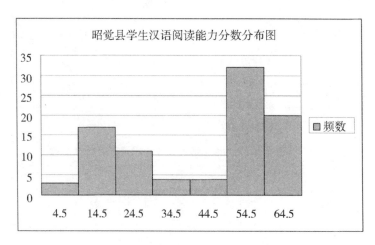

图1　昭觉县学生汉语阅读能力分数分布图(n=91)

分布图中处于低端的主要是昭觉县竹核乡竹核中学学生的阅读能力成绩,处于高端的主要是昭觉中学学生的阅读能力成绩。从城乡学校班级的整体平均分到学生个体的分数分布都充分反映出学生汉语阅读能力水平存在巨大的城乡差异。这说明,学生汉语阅读能力与学校环境是有较大关系的。环境资源较好的学校在培养和提高学生汉语阅读能力方面拥有更多的教育资源,学生也就能获得相对较多的教育资源,阅读能力就相对较好。

2. 所有被试不同阅读类型汉语阅读能力现状分析

阅读根据阅读目的和阅读情境可以分为不同的阅读类型,本研究根据阅读目的把阅读的类型分为为了获取信息的阅读、为了获得文学体验的阅读、为了完成任务的阅读三类。为了进一步描述少数民族地区义务教育阶段学生汉语阅读能力现状,下面分别对学生不同阅读类型汉语阅读能力现状进行统计分析。

(1) 为了获取信息的阅读能力现状分析

当今社会已成为信息社会,现实生活中的阅读很多是为了获取信息的阅读,本研究将这一阅读类型作为学生阅读能力测试的重要部分。本研究的阅读测试中,为了获取信息的阅读共有两则材料,一则科普性说明文,一张统计表,共计12小题27分,约占阅读测试题目总分的39.4%。

表4 所有被试为了获取信息的阅读能力现状

市县	样本数	平均分	标准差	最大值	最小值
西昌市	166	20.64	4.44	27	7
德昌县	123	21.74	2.87	27	12
冕宁县	125	21.16	3.85	27	10
盐源县	140	18.89	4.06	27	5
昭觉县	91	17.82	7.78	27	2

学生在为了获取信息的阅读这一类阅读中所反映出的阅读能力与学生整体阅读能力现状是基本一致的。西昌市、德昌县和冕宁县学生这类阅读能力要高于盐源县、昭觉县,普遍在20分以上。学生个体差异也较大,分布不是很集中,盐源县、昭觉县这类经济相对落后的地区尤其突出。

（2）为了获得文学体验的阅读能力现状分析

为了获得文学体验的阅读是现在中学学业水平测试中常考的,所占比例也很大。这类阅读除了增加学生知识,提高学生写作水平外,更有助于学生怡情悦性、陶冶情操、提升精神境界。现实生活中大多数人心中所认为的阅读多为这类阅读。本研究的阅读测试中,为了获得文学体验的阅读共有两则材料,都为叙事类散文,共计12小题28分,约占阅读测试题目总分的39.4%。

表5 所有被试为了获得文学体验的阅读能力现状

市县	样本数	平均分	标准差	最大值	最小值
西昌市	166	19.56	4.05	26	5
德昌县	123	19.33	3.35	26	12
冕宁县	125	18.98	3.34	26	5
盐源县	140	18.24	3.62	26	8
昭觉县	91	16.87	6.38	26	2

这一类阅读能力现状与学生整体阅读能力现状、为了获取信息的阅读能力现状有所不同。所有县市差异不是很大,西昌市学生这类阅读能力最高。虽然学生所得最高分与最低分差异依然很大,但得分相对集中,就连整体成极端分布的昭觉县学生这类阅读得分也在14—24分之间。表格也反映出,与为了获取信息的阅读相比,学生这类阅读能力明显偏低。

(3) 为了完成任务的阅读能力现状分析

为了完成任务的阅读这一阅读类型主要是为了测试学生通过阅读相关材料解决现实生活中某一问题的能力。这是我们学校教学和家庭阅读指导比较容易忽略的阅读类型,但又是现实生活中不可或缺的。本研究的阅读测试中,这类阅读的材料选择了一则旅游指南,共计6小题16分,约占阅读测试题目总分的21.2%。

表6 所有被试为了完成任务的阅读能力现状

市县	样本数	平均分	标准差	最大值	最小值
西昌市	166	11.59	3.12	16	0
德昌县	123	12.62	2.64	16	0
冕宁县	125	11.74	3.02	16	1
盐源县	140	10.68	3.06	16	0
昭觉县	91	8.02	6.06	16	0

这一类阅读测试题目与生活联系紧密,学生阅读材料后被要求解决某一现实问题,因此相关生活经历就很重要。本研究这类阅读给出的是当代人都应该理解的旅游指南,题目设置也与旅游有关,因此西昌市、德昌县、冕宁县这些经济发展相对较好的地区学生得分明显高于盐源县和昭觉县的学生。同时表格也反映出所有市县都有部分学生这类阅读能力很差,不少学生得分在2分以下,说明这些学生无法通过阅读材料来解决现实问题或完成相关任务。

3. 所有被试汉语阅读能力各子能力现状分析

阅读能力包含不同的要素、层次、结构,要真实描述学生阅读能力现状就要对阅读能力各子能力进行统计描述。如前所述,本研究主要对少数民族地区义务教育阶段学生获取信息的能力、形成解释的能力、作出评价的能力进行调查研究,重点测评学生获取信息的能力、形成解释的能力。下面我们对阅读能力中获取信息的能力、形成解释的能力、作出评价的能力分别进行统计分析。

(1)所有被试汉语阅读获取信息的能力现状分析

获取信息的能力是阅读能力的重要组成部分,可以说阅读的首要任务就是获取信息。我国中考中很多常见考点就是对学生获取信息能力的考察,如提取文章直接陈述的信息、获取有效信息并进行整合、归纳或概括文章要点、了解特定对象的特征、判断文章的内容或观点等。我们对学生获取信息的能力进行测评时主要考查学生直接提取信息的能力、获取文中隐含信息的能力、获取并整合表格中多处信息的能力、提取信息并利用信息解决问题的能力。阅读测评中获取信息能力的题目共计18小题43分,占阅读能力测试总分的60.56%。

表7 所有被试获取信息的能力现状

市县	样本数	平均分	标准差	最大值	最小值
西昌市	166	35.51	5.73	43	14
德昌县	123	35.38	4.21	43	22
冕宁县	125	34.07	5.68	43	13
盐源县	140	31.28	5.74	43	14
昭觉县	91	27.64	12.66	42	2

整体而言,学生在做获取信息的能力这一类题目时得分比较高,有不少学生得到满分或接近满分,除昭觉县外,学生的得分分布也比较集中,这说明学生阅读能力中获取信息的能力较强。当然表格也反映出学生这一层级的能力有较大的地区差异,相对偏远的以彝族学生为主的昭觉县学生获取信息的能力远低于其他市县,而且该县城乡差异巨大,城市学生获取信息的能力大大高于农村学生。

为进一步说明凉山州义务教育阶段学生汉语阅读能力中获取信息

的能力现状和思维现状,我们选择了具有代表性的21、27、36、38小题进行选项或得分统计。21小题的测试情境是为了获取信息的阅读,测试学生直接提取信息的能力,试题类别为客观题,难度为0.78,分值为2分。27小题的测试情境是为了获得文学体验的阅读,测试学生获取文中隐含信息的能力,试题类别为客观题,难度为0.62,分值为2分。36小题的测试情境是为了获取信息的阅读,测试学生获取并整合表格中多处信息的能力,试题类别为主观题,难度为0.66,分值为3分。38小题的测试情境是为了完成任务的阅读,测试学生提取信息并利用信息解决问题的能力,试题类别为主观题,难度为0.57,分值为4分。

表8 所有被试第21小题选项统计情况

市县	样本数	选项(%)				
		A	B	C(正确项)	D	未选
西昌市	166	3(1.81%)	4(2.41%)	139(83.73%)	19(11.45%)	1(0.60%)
德昌县	123	2(1.63%)	4(3.25%)	112(91.06%)	5(4.07%)	0(0.00%)
冕宁县	125	3(2.40%)	3(2.40%)	99(79.20%)	18(14.40%)	2(1.60%)
盐源县	140	2(1.43%)	7(5.00%)	105(75.00%)	26(18.57%)	0(0.00%)
昭觉县	91	1(1.10%)	6(6.59%)	73(80.22%)	10(10.99%)	1(1.10%)

表9 所有被试第27小题选项统计情况

市县	样本数	选项(%)				
		A(正确项)	B	C	D	未选
西昌市	166	107(64.46%)	12(7.23%)	30(18.07%)	17(10.24%)	0(0.00%)
德昌县	123	90(73.17%)	7(5.69%)	18(14.63%)	8(6.50%)	0(0.00%)
冕宁县	125	80(64.00%)	7(5.60%)	27(21.60%)	9(7.20%)	2(1.60%)
盐源县	140	85(60.71%)	13(9.29%)	25(17.86%)	17(12.14%)	0(0.00%)
昭觉县	91	52(57.14%)	13(14.29%)	14(15.38%)	9(9.89%)	3(3.30%)

表10　所有被试第36小题得分统计情况

市县	样本数	平均分	标准差	得分(%)				
				0	1	2	3	未做
西昌市	166	2.09	1.32	18 (10.84%)	20 (12.05%)	75 (45.18%)	50 (30.12%)	3 (1.81%)
德昌县	123	2.08	0.77	3 (2.44%)	23 (18.70%)	58 (47.15%)	39 (31.71%)	0 (0.00%)
冕宁县	125	2.01	1.11	9 (7.20%)	29 (23.20%)	45 (36.00%)	41 (32.80%)	1 (0.80%)
盐源县	140	1.68	0.94	0 (0.00%)	60 (42.86%)	49 (35.00%)	31 (22.14%)	0 (0.00%)
昭觉县	91	1.48	1.30	8 (8.79%)	7 (7.69%)	19 (20.88%)	30 (32.97%)	27 (29.67%)

表11　所有被试第38小题得分统计情况

市县	样本数	平均分	标准差	得分(%)					
				0	1	2	3	4	未做
西昌市	166	3.59	1.41	7 (4.22%)	0 (0.00%)	16 (9.64%)	18 (10.84%)	123 (74.10%)	2 (1.20%)
德昌县	123	3.56	1.01	1 (0.81%)	3 (2.44%)	17 (13.82%)	12 (9.76%)	89 (72.36%)	1 (0.81%)
冕宁县	125	3.73	1.00	0 (0.00%)	2 (1.60%)	14 (11.20%)	10 (8.00%)	97 (72.80%)	2 (1.60%)
盐源县	140	3.39	1.15	5 (3.57%)	1 (0.71%)	28 (20.00%)	12 (8.57%)	93 (66.43%)	1 (0.71%)
昭觉县	91	2.37	1.86	2 (2.20%)	0 (0.00%)	5 (5.49%)	6 (6.59%)	47 (51.65%)	31 (34.07%)

进行统计的四个小题中主观题和客观题各有两个,难度中等,有的还偏简单。两个客观题各市县学生正确率都较高,甚至前面各项统计数据相对偏低的昭觉县学生在第4小题上的正确率也达到了80%以上。两个主观题各市县学生得分率也不错,有很多学生都是满分。这说明学生汉语阅读中获取信息的能力较强。但是表格反映出有部分学生未做测试题目,尤其是主观试题,而各市县中昭觉县未做试题的学生

最多。这说明有的学生学习态度不是很端正,有的学生语言表述能力太差。从选项或分数段统计来看,绝大部分学生能够正确、顺利地获取材料中的信息,很多学生还能获取需要作出推论才能得到的隐含信息,但是也有不少学生获取的信息完全错误或脱离文本。如果根据SOLO理论进行分析,做这类题目时大部分学生思维处于多元结构和关联结构,但也有部分学生思维还处于前结构和单一结构。

（2）所有被试汉语阅读形成解释的能力现状分析

阅读中形成解释的能力包含很多方面,如理解重要词句在语境中的意义和作用,理解文章中人物的语言、行为或心理,整体品味文章的语言和风格,领悟文章内涵或揭示内在原因,感受文章中特定的情景或形象,把握文章主要内容或主旨,对数据或信息作出判断,对问题进行推论等。结合学生学习实际,我们在阅读测试中主要考查学生:能联系上下文,理解关键词句的语境义的能力;能联系全文,对人物行为、心理进行推断的能力;能联系全文,解释文章主要内容或主要观点的能力;能解释表格中关键数据的意义的能力。测试这种能力的题目共计10小题25分,占阅读能力测试总分的35.21%。下面我们对整体得分情况和有代表性试题答题情况进行统计描述。

表12　所有被试形成解释的能力现状

市县	样本数	平均分	标准差	最大值	最小值
西昌市	166	16.94	4.13	24	3
德昌县	123	16.78	3.28	23	9
冕宁县	125	16.40	3.98	24	4
盐源县	140	15.22	3.66	23	5
昭觉县	91	14.08	6.58	24	2

从整体上看,学生做这类题目虽然得分相对集中,但分数明显偏低,而且各市县学生得分差异不大。这表明学生阅读时形成解释的能力较低,即使在材料中找到了相关信息也无法进行综合分析推理。

我们在做试题选项或得分统计时选择了16、18、23、29、35小题作为代表试题。16 小题的测试情境是为了获得文学体验的阅读,测试学生能联系上下文理解关键词语的语境义的能力,试题类别为客观题,难度为 0.77,分值为 2 分。18 小题的测试情境是为了获得文学体验的阅读,测试学生能联系全文对人物行为、心理进行推断的能力,试题类别为主观题,难度为 0.50,分值为 3 分。23 小题的测试情境是为了获取信息的阅读,测试学生能联系上下文解释文中主要观点的能力,试题类别为主观题,难度为 0.46,分值为 3 分。29 小题的测试情境是为了获得文学体验的阅读,测试学生能联系全文解释文章主要内容的能力,试题类别为主观题,难度为 0.64,分值为 3 分。35 小题的测试情境是为了获取信息的阅读,测试学生能解释表格中关键数据的意义的能力,试题类别为主观题,难度为 0.78,分值为 2 分。

表 13 所有被试第 16 小题选项统计情况

市县	样本数	选项(%)				
		A	B	C(正确项)	D	未选
西昌市	166	1(0.60%)	1(0.60%)	122(73.49%)	40(24.10%)	2(1.20%)
德昌县	123	0(0.00%)	1(0.815%)	86(69.92%)	36(29.27%)	0(0.00%)
冕宁县	125	1(0.80%)	0(0.00%)	89(71.20%)	33(26.40%)	2(1.60%)
盐源县	140	4(2.86%)	4(2.86%)	98(70.00%)	34(24.29%)	0(0.00%)
昭觉县	91	3(3.30%)	3(3.30%)	60(65.93%)	25(27.47%)	0(0.00%)

表 14 所有被试第 18 小题得分统计情况

市县	样本数	平均分	标准差	得分(%)				
				0	1	2	3	未做
西昌市	166	1.72	0.74	12(7.23%)	40(24.10%)	97(58.43%)	17(10.24%)	0(0.00%)
德昌县	123	1.79	0.60	5(4.07%)	20(16.26%)	94(76.42%)	4(2.41%)	0(0.00%)
冕宁县	125	1.70	0.72	9(7.20%)	29(23.20%)	77(61.60%)	10(8.00%)	0(0.00%)

(续 表)

市县	样本数	平均分	标准差	得分(%)				
				0	1	2	3	未做
盐源县	140	1.63	0.94	13 (9.29%)	37 (26.43%)	85 (60.71%)	4 (2.86%)	1 (0.71%)
昭觉县	91	1.41	1.04	16 (17.58%)	11 (12.09%)	43 (47.25%)	10 (10.99%)	11 (12.09%)

表15 所有被试第23小题得分统计情况

市县	样本数	平均分	标准差	得分(%)				
				0	1	2	3	未做
西昌市	166	1.69	1.28	44 (26.51%)	17 (10.24%)	58 (34.94%)	46 (27.71%)	1 (0.60%)
德昌县	123	1.83	1.12	26 (21.14%)	11 (8.94%)	44 (35.77%)	42 (25.30%)	0 (0.00%)
冕宁县	125	1.98	1.58	29 (23.20%)	8 (6.40%)	43 (34.40%)	42 (33.60%)	3 (2.40%)
盐源县	140	1.29	1.61	62 (44.29%)	17 (12.14%)	37 (26.43%)	21 (15.00%)	3 (2.14%)
昭觉县	91	1.42	1.28	17 (18.68%)	6 (6.59%)	21 (23.08%)	27 (29.67%)	20 (21.98%)

表16 所有被试第29小题得分统计情况

市县	样本数	平均分	标准差	得分(%)				
				0	1	2	3	未做
西昌市	166	2.38	0.83	4 (2.41%)	25 (15.06%)	41 (24.70%)	96 (57.83%)	0 (0.00%)
德昌县	123	2.30	0.85	3 (2.44%)	23 (18.70%)	31 (25.20%)	66 (53.64%)	0 (0.00%)
冕宁县	125	2.26	0.94	29 (23.20%)	8 (6.40%)	43 (34.40%)	42 (33.60%)	3 (2.40%)
盐源县	140	2.26	0.94	8 (5.71%)	24 (17.14%)	31 (22.14%)	77 (55.00%)	0 (0.00%)
昭觉县	91	1.70	1.29	5 (5.49%)	12 (13.19%)	13 (14.29%)	39 (42.86%)	22 (24.18%)

表 17　所有被试第 35 小题得分统计情况

市县	样本数	平均分	标准差	得分（%）			
				0	1	2	未做
西昌市	166	1.34	1.37	62 (37.35%)	40 (24.10%)	61 (36.75%)	3 (1.81%)
德昌县	123	0.93	0.73	38 (30.89%)	56 (45.53%)	29 (23.58%)	0 (0.00%)
冕宁县	125	1.10	1.07	38 (30.40%)	44 (35.20%)	42 (33.60%)	1 (0.80%)
盐源县	140	0.74	0.99	64 (45.71%)	56 (40.00%)	19 (13.57%)	1 (0.71%)
昭觉县	91	0.71	0.67	14 (15.38%)	43 (47.25%)	11 (12.09%)	23 (25.27%)

16 小题为客观题，难度不高，但仍然有很多学生做错，从所选答案看，大多数做错的学生都是因为脱离文本答题了。18、23 小题难度较高，学生得分不高，很多学生没有得分。29、35 小题难度也不高，学生得分较好，但 35 小题却出现了很多学生都没有得分的现象。同时主观题出现了部分学生未做的情况，昭觉县学生尤为突出。统计表明学生汉语阅读形成解释的能力相对较低，对语境理解不够，对图表数据很陌生。统计还可以看出学生做这类试题时思维不够缜密，很多学生思维还处于前结构和单一结构。

（3）所有被试汉语阅读作出评价的能力现状分析

汉语阅读中作出评价的能力包括结合自己的生活实际形成独特的情感体验，结合自己的生活体验理解文章的观点或看法，评论文章的表达方式或写作技巧，评论文章的语言和风格，利用拓展材料完成任务等。我们所采用的测评工具在测试学生这种能力时考虑到八年级学生实际学习水平和测评的科学性，不将这种能力纳入测评重点，仅设置 1 小题，分值 3 分。该题目为 30 小题，测试情境是为了获得文学体验的阅读，测试学生能联系个人经验评价文章内容的能力，试题类别为主观题，难度为 0.52。

表18 所有被试作出评价的能力现状及得分统计情况

市县	样本数	平均分	标准差	得分(%)				
				0	1	2	3	未做
西昌市	166	1.35	0.71	18 (10.84%)	77 (46.39%)	66 (39.76%)	5 (3.01%)	0 (0.00%)
德昌县	123	1.53	0.69	6 (4.88%)	54 (43.90%)	55 (44.72%)	8 (6.50%)	0 (0.00%)
冕宁县	125	1.41	0.66	8 (6.40%)	62 (49.60%)	51 (40.80%)	4 (3.20%)	0 (0.00%)
盐源县	140	1.31	0.73	14 (10.00%)	76 (54.29%)	42 (30.00%)	8 (5.71%)	0 (0.00%)
昭觉县	91	1.00	0.93	15 (16.48%)	22 (24.18%)	30 (32.979%)	3 (3.30%)	21 (23.08%)

学生做这道评价类题目时得分偏低,而试题难度却不是很大,仅为中等难度。学生得分虽然相对集中,但多集中在1分或2分,而没有得分的学生多于得满分的学生。昭觉县未做和未得分的学生甚至接近40%。这表明学生汉语阅读作出评价的能力较低,半数以上的学生做这类题目时思维还处于前结构或单一结构。

(二)凉山州义务教育阶段学生汉语阅读能力现状与可能影响因素的相关统计分析

通过调研前对少数民族地区义务教育阶段的语文教师和学生进行的随机访谈,我们认为影响学生阅读能力的可能因素主要有家庭因素(成长环境、父母学历)、学校因素(区域资源、学校环境、学校设施、教师素质、课堂教学)、自我因素(方法态度、知识积累)。在此前提下,我们根据调研地区教学实际采用北京师范大学中国语文与海外华文教育研究中心研制的《语文学业水平测评量表》中的教师调查问卷和学生调查问卷对调研地区的教师和学生进行了问卷调查。问卷回收后,我们结合学生测试卷知识积累得分与学生汉语阅读能力测试得分,运用SPSS统计软件对问卷调查所得的数据进行了相关分析和回归分析,以考查学生汉语阅读能力与可能影响因素的相关性程度及其因果关系。下面我们对统计结果进行分析说明。

1. 学生汉语阅读能力与可能影响因素的相关分析

我们依据影响因素类别对问卷题目分别进行归类，运用 SPSS11.5 统计软件，采用 Pearson 积差相关的方法，求得各个特征因素与学生语文阅读能力成绩的相关系数（缺失值采用配对删除的方法进行处理）。

表19 学生汉语阅读能力与可能影响因素的相关分析结果

		1	2	3	4	5	6	7	8
1	1.1 家庭因素								
	2.1 学校环境	0.54**							
	2.2 教师素质	0.06*	0.04						
	2.3 学校设施	0.42**	0.51**	0.49**					
2	2.4 课堂教学	0.50**	0.42	0.64**	0.47**				
	2.5 区域资源	0.52**	0.50**	0.54**	0.49**	0.68**			
3	3.1 方法态度	0.55**	0.62**	0.66**	0.45**	0.68**	0.64**		
	3.2 知识积累	0.24**	0.28*	0.24**	0.24**	0.24**	0.32**	0.26**	
4	4.1 阅读能力	0.55**	0.38*	0.36**	0.42**	0.61**	0.63**	0.71**	0.62**

注：① **$p<0.01$，*$p<0.05$；②相关系数的显著性采用双边检验。

从表格的相关分析可以看出：

（1）三个大类的影响因素和语文阅读能力测试成绩之间均存在显著的正相关关系，并且相关系数在 0.36—0.71 之间。这说明我们所认为的三大类因素的确对学生的汉语阅读能力产生了较大影响，尤其是家庭成长环境、教师素质、课堂教学、区域资源、学生的方法态度以及知识积累，对学生的汉语阅读能力影响巨大。

（2）同时，三个大类影响因素之间也存在着正相关关系，相关系数在 0.28—0.68 之间。这说明影响学生汉语阅读能力的因素不是孤立地在起作用，而是相互融合以后对学生的汉语阅读能力产生影响。

2. 学生汉语阅读能力与可能影响因素的回归分析

通过相关分析，我们已经知道学生汉语阅读能力成绩与三大类因素之间存在着比较明显的正相关性，但是它们之间是否存在因果关系，存在着怎样的因果关系,还需要通过回归分析做进一步的研究。下面我们以三大类因素(共9个小因素)为自变量,以学生汉语阅读能力成绩(效果)为因变量进行回归分析,以准确地找到影响学生汉语阅读能力成绩的因素。

(1)家庭因素对学生汉语阅读能力成绩的影响分析

把家庭因素作为自变量,学生汉语阅读能力成绩作为因变量,进行回归分析。经过F检验,家庭因素的特征维度进入了回归方程,回归分析的结果如下所示：

表20　家庭因素对学生阅读能力成绩的影响回归分析结果

自变量＼因变量	汉语阅读能力			Adj R^2	F值	F值的显著性
	β值(标准化回归系数)	t值	t值的显著性			
家庭因素	0.19	3.93	0.001	0.38	78.86	0.000

从上表的分析结果可以看出："家庭因素"的特征维度对"学生阅读能力成绩"的预测回归系数都通过了0.01水平上的显著性检验,解释变异量为38%,说明家庭因素的特征变量对于学生阅读能力成绩有一些影响。如果我们做一个影响曲线,会更加直观地看出两者关系。

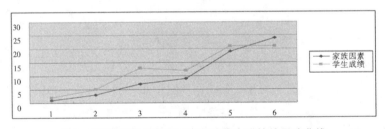

图2　家庭因素对学生汉语阅读能力成绩的影响曲线

这一曲线表明家庭因素对学生的影响是比较明显的,呈正向分布。家庭是学生生活的重要场所,对孩子的学习有着监督指导功能和潜移默化的作用。父母知识水平不同、孩子家庭成长环境的差异都会对学生的汉语阅读能力产生不同的影响。

(2)学校因素对学生汉语阅读能力成绩的影响分析

把"学校因素"特征维度作为自变量,"学生汉语阅读能力成绩"作

为因变量,进行回归分析。经过 F 检验,学校因素的特征维度中 5 个都进入了回归方程,回归分析的结果如下所示:

表 21　学校因素对学生汉语阅读能力成绩影响的回归分析结果

自变量\因变量	汉语阅读能力			Adj R^2	F 值	F 值的显著性
	β 值(标准化回归系数)	t 值	t 值的显著性			
1 学校环境	0.08	4.15	0.000			
2 教师素质	0.32	3.11	0.002			
3 学校设施	0.11	4.35	0.003	0.39	79.67	0.000
4 课堂教学	0.07	6.26	0.000			
5 区域资源	0.15	3.93	0.000			

从以上回归分析结果可以看出,"学校环境"和"课堂教学"对"学生阅读能力成绩(效果)"的预测回归系数通过了 0.05 水平上的显著性检验;"教师素质"和"学校设施"以及"区域资源"3 个维度对"学生阅读能力成绩(效果)"的预测回归系数都通过了 0.01 水平上的显著性检验,5 个维度的联合解释变异量为 35%,说明学校因素的特征维度对学生阅读能力成绩(效果)有非常大的影响作用,且全部呈现正向影响和分布。

为便于研究和深入讨论,我们还将学校因素在直观的柱状图中按照 5 个维度进行了划分,并逐一进行了验证。

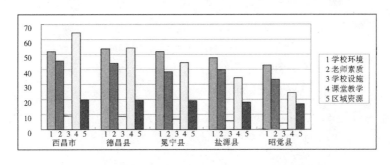

图 3　学校因素对学生汉语阅读能力成绩的影响柱状图

"学校环境"维度是在学校因素中呈正态分布的特征维度,且显著程度在 0.005 以上,是一个重要的指标。可以看出,"学校环境"对学生汉语阅读能力成绩的影响是重要的,也是我们应该重视的。学校是学生汉语阅读能力培养和提高的重要场所,它通过教学环境、师生关系、学习氛围等因素的综合作用来实现对学生汉语阅读能力成绩的影响。

"教师素质"维度是在学校因素中呈正态分布的特征维度,且显著程度在 0.001 以上,是我们的研究应该重视的一个特征指标。"教师素质"主要由学历学位、学术能力、专业技能等因素综合构成。教师为传道授业解惑者,学生汉语阅读能力成绩与教师的职业素养是无法分开的。

"学校设施"维度是学校开展教育教学活动的重要保证,也是学习的重要保证。学生汉语阅读能力成绩的培养和提高需要良好的学校设施作保障。

"课堂教学"维度是在学校因素中呈正态分布的特征维度,且显著程度在 0.005 以上,是一个非常重要的指标。"课堂教学"对学生汉语阅读能力成绩影响巨大,它是学生接受相关知识的重要来源,是培养和提高学生汉语阅读能力的主要途径。课堂教学水平高低会直接影响到学生汉语阅读能力成绩的好坏。在数据的统计过程中,我们发现,课堂教学的影响非常明显地体现在了数据的分布与统计上。

"区域资源"维度在学校因素中虽然呈正态分布,但影响不是很显著。地区教育资源分配的不平衡可以影响学校的办学规模和档次,但是对学生汉语阅读能力成绩并不产生决定性的影响。

(3)学生自我因素对学生汉语阅读能力成绩的影响分析

把"学生自我因素"的特征维度作为自变量,"学生阅读能力成绩"作为因变量,进行回归分析。经过 F 检验,学生自我因素的特征维度中 2 个进入了回归方程,回归分析的结果如下所示:

表22 学生自我因素对学生阅读能力成绩的影响回归分析结果

自变量\因变量	汉语阅读能力			Adj R^2	F值	F值的显著性
	β值(标准化回归系数)	t值	t值的显著性			
1 方法态度	0.08	2.34	0.019	0.31	67.41	0.001
2 知识积累	0.13	2.81	0.005			

从以上回归分析结果可以看出,"方法态度"和"知识积累"对"学生语文阅读能力成绩"的预测回归系数都通过了0.05水平上的显著性检验,2个维度的联合解释变异量为31%,说明学生自我因素的特征维度对汉语阅读能力成绩有非常大的影响,且全部呈现正向分布。在相关曲线中,我们会更加直观地看到这种影响。

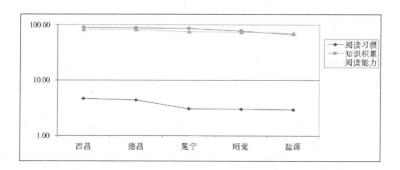

图4 学生自我因素对学生汉语阅读能力成绩的影响曲线

"学生自我因素"维度体现了学生自身素质和自我意识的情况。"方法态度"在我们完成的统计数据中占了很重的成分。它是内部因素,通过学生内部个体特征发生作用。好的汉语阅读方法态度可以对学生阅读能力成绩起到良好的正向作用。"知识积累"体现了学生知识学习的延续性,反映了学生动态的知识学习过程。它也与学生汉语阅读能力成绩呈正相关,是对学生汉语阅读能力成绩进行考核的重要指标。

五、结论与建议

（一）结论

1. 凉山州义务教育阶段学生汉语阅读能力现状

通过调查分析，我们认为凉山州义务教育阶段学生汉语阅读能力现状呈现以下特点：

（1）从整体上看，学生汉语阅读能力比较高，基本达到了课程标准提出的语文课程阅读目标。学生阅读能力测试成绩都比较高，绝大部分学生得分率在70%以上。学生在汉语阅读中对为了获取信息的阅读这类阅读材料表现出容易理解和把握文本，但在阅读平时学习中很少接触的图表类材料时表现出一定困难。在阅读为了获得文学体验的阅读和为了完成任务的阅读这两类材料时，学生能在基本整体感知文本的前提下理解文本的意思，但在需要综合各种信息作出推理或联系生活解决问题时则表现出较明显的不适应性。在阅读能力各子能力中，学生整体感知文本和获取信息的能力明显高于形成解释和作出评价的能力。

（2）学生汉语阅读能力水平表现出比较明显的地区差异、城乡差异和个体差异。经济文化发展相对较好的地区，教育资源相对集中，学生的汉语阅读能力也就相对较高。而经济文化发展相对滞后的地区，教育资源相对贫乏，学生的汉语阅读能力相对较低。城乡差异则是地区差异的缩影，城市学校学生在汉语阅读能力方面明显高于农村学校学生。学生个体差异也很明显，这是学生个体内外影响因素不同形成的必然结果。

（3）学生进行汉语阅读时所呈现的思维发展水平也有较大差异。整体上看，虽然有不少学生思维发展水平仍然处于前结构或单一结构，但大部分学生阅读汉语时思维处于多元结构或关联结构，这与八年级学生的思维发展水平基本相符。同时，学生在做不同阅读子能力的题目时所呈现的思维水平也不一样，做测试获取信息能力的题目时达到多元结构或关联结构的学生多于做测试形成解释和作出评价能力的题目时达到相同思维水平的学生。不同学生在做相同题目时所呈现的思维发展水平也存在较大差异。

（4）以少数民族人口为主的地区及学校学生汉语阅读能力明显偏低。这些地区及学校一般而言经济文化发展相对滞后，这在一定程度上导致了学生汉语阅读能力相对较低。但更重要的是这些地区及学校缺乏汉语教学环境，当地人主要用当地民族语进行交流。学生学习汉语就等于学习一门缺乏语言文化土壤的外语。因此，凉山州通用的在《全日制义务教育语文课程标准》指导下选择的汉语教材及汉语教学评价方式就在这些地区及学校遇到了阻碍，义务教育语文课程在这些地区及学校出现了不适应性。

2. 凉山州义务教育阶段学生汉语阅读能力的影响因素

我们通过将凉山州义务教育阶段学生汉语阅读能力成绩与可能影响因素进行相关分析和回归分析后发现，家庭因素（成长环境、父母学历）、学校因素（区域资源、学校环境、学校设施、教师素质、课堂教学）和自我因素（方法态度、知识积累）都对学生汉语阅读能力产生了较大影响，且都呈正向分布，有较显著的正相关。其中课堂教学水平、学生的方法态度对学生汉语阅读能力的培养和提高影响最大，而家庭成长环境、学校教学生活环境、教师素质、学生知识积累也是影响学生汉语阅读能力培养和提高的重要因素。

（二）培养和提高凉山州义务教育阶段学生汉语阅读能力的建议

从研究中我们不难发现，凉山州义务教育阶段大部分学生的汉语阅读能力基本达到了课程标准提出的阅读目标，但汉语阅读能力很高的学生并不多，有不少学生阅读能力还相当低，这与当代社会对社会成员所提出的在阅读中学习的要求不相符合。因此，凉山州义务教育阶段学生汉语阅读能力的培养和提高不容忽视。为此，我们根据凉山州义务教育实际和学生汉语阅读能力的影响因素提出以下建议：

1. 确立汉语阅读教学应以培养和提高学生汉语阅读能力为核心的观念。

我们处于信息爆炸的时代，每天信息都成指数级增长，谁能够优先占有信息、理解信息，谁就能优先获得成功。阅读就是占有信息的主要途径。可以说，快速有效地阅读已经成为我们生存的需要，而这需要我们具有高水平的阅读能力。

新课程标准的实施在很大程度上就是要改变过去语文教育重知识传授、轻能力培养和人文教育的局面,但是在教学实践中往往又出现了只重人文教育的现象。阅读教学中于是就形成了这样的现象,我们一方面重视学生在阅读过程中的主体地位,重视学生独特的阅读感受和体验,鼓励学生多角度有创意地阅读,另一方面又忽略学生阅读能力的培养和提高。试想,学生如果不具备较高的阅读能力,不能快速对文本信息进行获取和理解,独特的创造性的阅读体验从何而来?

现在很多人已经意识到我国公民阅读能力整体不高的现实,大声疾呼语文教育亟须提高学生阅读能力。然而我们对阅读能力的认识却还停留在20世纪。王荣生曾指出,"我们在中小学语文教学中培养的所谓'阅读能力',与人们在正常状态下所运用的阅读能力不是同一种东西"。他认为,我们在正常状态下阅读文章的方式是"解读者取向"式的阅读,而我们一直在中小学培养学生的所谓"阅读能力",实际上是"鉴赏者取向"式的阅读和"语文教师备课样式"的阅读。因此,要改变这种局面,我们对阅读能力应该形成两点认识,即"阅读能力是具体的"和"'怎么读'很大程度上可以归结为'读什么'"。[①] 语文教学培养和提高学生语文阅读能力的前提就是要知道我们到底要培养学生什么样的阅读能力,学生今后到底需要什么样的阅读能力。否则,学生最终培养起来的阅读能力与社会要求他们具备的阅读能力毫不相干。

凉山州是少数民族聚居地区,很多县区的常用语都不是汉语,这对学生学习汉语很不利。因此这一地区的汉语教学有其特殊性,不能够像汉族地区一样教。汉语阅读教学中除了知识教学和人文教育以外,更应该注重学生汉语阅读能力的培养和提高。学生掌握了一些汉语知识,了解了一些汉语文化,并不等于学生就具备了相应的汉语阅读能力。只有学生将知识文化转化为较高的汉语阅读能力才能在走出学校后通过阅读不断学习,提高自己,融入主流社会,获得与其他社会成员

---

① 王荣生:《新课标与"语文教学内容"》,南宁:广西教育出版社,2004年,第57、55、67页。

平等竞争的机会。这就需要学校管理、教师教学、父母教育等都转变观念，有意识地对学生加强符合社会要求的汉语阅读能力的培养和提高。

2. 拓宽培养和提高学生汉语阅读能力的途径和渠道。

语文课程与学生的现实生活联系很紧密，语文课程的实施离不开学校、家庭、社会和学生自我的共同努力。少数民族地区的汉语教学具有无法避免的特殊性，更需要各方合力。

（1）学校。学校是培养和提高学生汉语阅读能力的主阵地，学校的汉语教学环境、水平、师资、设施等对学生汉语阅读能力的培养有着决定性的影响。学校可以多开展与汉语阅读有关的课外活动，多给学生提供汉语阅读学习与交流的机会，增强学校的汉语文化氛围，营造一个良好的汉语阅读教学环境。学校也应该抓住近年来国家大力发展民族地区教育水平的机会，多派教师外出培训学习，多引进人才，提高学校教学管理水平；争取更多的教育资源，改善学校汉语阅读教学条件。另外，学校还可以积极探索适合当地实际的汉语阅读教学模式与方法。

（2）家庭。学生在学校所获得的汉语阅读知识与汉语阅读能力往往并不稳定，需要在生活中不断强化和巩固。而生活中，学生的家庭成员，尤其是父母，与学生接触最多，对学生最了解，因此家庭对学生汉语阅读能力的培养和提高起着非常重要的作用。尽可能多地购买订阅书籍报刊，多倾听孩子的阅读体验，多指导、鼓励和肯定孩子的阅读，从而为孩子营造良好的家庭阅读氛围，激发孩子的阅读兴趣和阅读动机，帮助孩子养成良好的阅读习惯，巩固孩子在阅读中所获得的知识与能力。有条件可以让孩子多参加一些有益的社会活动，开阔孩子的生活视野，丰富孩子的人生经历，为增加孩子的阅读背景知识创造条件。

（3）社会。每一个人都生活在特定的社会经济文化背景中，社会环境对人的成长有很重要的影响。社会应该通过广播、电视、网络、读物等媒介鼓励人们多阅读，为学生营造良好的社会阅读氛围，同时尽量保证每一个学生都获得相对平等的阅读资源。

（4）学生自我。学生自身的汉语知识积累和阅读的态度方法对学生汉语阅读能力的培养和提高也有很大的影响。学生通过受教育培养能力的前提是在教育过程中能形成独特的个体经验。学生的能力就是在学生将人类的共同经验转化成个体独特经验并进行反思及对这些反思加以讨论的过程中形成的。它是学生智力因素和非智力因素共同起作用的结果。学生汉语阅读能力的培养和提高需要学生掌握积累相应的汉语知识,并将这些知识运用于学习生活中,形成自身的个体阅读经验。在这一过程中,学生需要激发自我阅读的动机和兴趣,合理运用阅读策略,对阅读过程进行有效监控。这就是在近乎相同的家庭、学校、社会条件下学生个体间汉语阅读能力出现较大差异的主要原因所在。

3. 掌握培养和提高学生汉语阅读能力的原则。

离开具体的阅读情境来探讨培养和提高学生汉语阅读能力的方法策略是不合时宜的,因此我们这里只对培养和提高学生汉语阅读能力的原则进行简单探讨。

(1) 在阅读过程中培养和提高学生的汉语阅读能力。阅读能力只能在阅读中生成,这是《全日制义务教育语文课程标准》在阅读目标中反复强调的。阅读能力不是抽象的,它需要借助实际的阅读过程才能表现出来。阅读教学中我们只有在学生实际的阅读过程中才能发现学生阅读能力的实际水平,才能做出有针对性的教学行为。学生也只能在阅读过程中意识到自己真正的阅读能力水平并对阅读策略作出有效调整。至于某一具体阅读过程选择什么样的阅读方法则要视情况而定。

(2) 培养和提高学生汉语阅读能力应与生活相联系。阅读已成为我们生存的需要,成为我们日常生活的一部分,因此学生阅读能力的培养和提高自然不能脱离生活。这包含两层意思:一是指我们应该培养学生符合社会需要的汉语阅读能力,使学生真正能够适应社会;二是指培养和提高学生汉语阅读能力应该与学生的生活实际和身心发展规律相一致,使学生在阅读时有似曾相识的感觉。前者需要教育者了解社会,不断学习,转变教育观念;后者则需要教育者深入了解学生学习生活现状,因地施教,因人施教,有条件可以开发地方阅读课程和校本阅读课程。

(3) 培养和提高学生汉语阅读能力时要注意学生阅读行为的异化。现代社会已进入网络阅读时代,学生的阅读途径增多,阅读行为的随意性增强,很多成了消遣式阅读。我们不反对学生在生活中进行消遣式阅读,但不能让学生将这种阅读方式带入正式的阅读教学中。因为这种阅读是一种浅层次的阅读,是"唯自主论"的阅读,对培养和提高学生的汉语阅读能力毫无裨益。教育者要加强对学生阅读的指导,使学生的阅读行为尽量科学化和规范化;同时要保护学生的自尊心,尊重学生的阅读行为,但要防止盲目异化。

4. 有针对性地培养和提高少数民族人口集中地区学校学生的汉语阅读能力。

我们在研究中发现,少数民族人口很集中地区的学生汉语阅读能力较低,这些地区农村学校学生的汉语阅读能力尤其偏低。汉语学习环境的缺失是导致这种现状的重要原因。这些地区的学生一般用当地民族语交流,在生活中很少有接触汉语的机会,汉语基础知识很薄弱。他们对汉文化了解很少,除了在学校阅读汉语教材也很少进行汉语阅读。在这些地区进行汉语阅读教学就应该体现出当地的特殊性,探索有针对性的教学内容和方法,尽量减少母语文化对学生汉语阅读能力的培养和提高所产生的负迁移作用。

当地教育部门及学校领导要增强教师对多元文化教育的认识,同时组织人力编写能够反映当地民族文化、适合学生学习的地方教材。有条件的地方应该加强地方课程和校本课程的开发。教师在教学中要选择适合当地学生学习生活实际的汉语教材、教学及评价方式,在阅读教学中要多理解、接纳、传承当地民族文化,以增进学生在汉语阅读中的文化亲近感。当地社会应鼓励人们学汉语,说汉语,用汉语阅读,为学生汉语阅读能力的培养和提高营造良好的外部环境。

普通高中语文新课程选修课的调查与研究

王土荣

为了对普通高中语文新课程实验的选修课有个比较全面的了解，我们于2007年3—12月，通过专题论述、问题解答、调查问卷、专项座谈、实验督导、教学水平评估等方式，组织136位专家、2250教师和约23000名学生参与了调研，其中93位专家和1719位教师写出了书面材料，学生交回问卷21371份。意见如下：在普通高中语文课程中开设语文选修课，是新中国建国以后基础教育的突破性举措。它与义务教育阶段课改及以前的高中课程改革有着根本的区别，即课程结构发生了根本性的变化，如所有课程都按照必修和选修进行了调整和组合，选修和必修课程的比例达7∶5；必修和选修均以模块为单位进行教学；模块教学实行学分管理。因此，这次课程改革在理念层面是比较深刻的，在教材的编写形式上也具有革命性的变化，这些变化对教学方式的变革起了很好的促进作用：课程设计时留下的创造空间，激发了年轻教师的教学热情，开发了充满教学智慧的探索者的创造力，教学效果还是明显的。当然，对照实验的初衷，实验效果确实是不尽如人意的，特别是选修课的开设没有足够的自主性，选修与高考没有实现和谐统一。具体表现在：

1. 课程标准可以在实践中创造性地实施和完善。课改有理念，才不会只见树木不见森林；理念可操作，才能把设想变为现实。新课标的概括和抽象，给实践者造成了困惑，但也留下了广阔的创造空间，我们尽量将课标内容细化，使之具有更多的操作性，课程标准就会得到逐渐的完善。

一是可将《课程方案》中要求不明确的内容作出明确的规定。如我们根据模块教学的实际，制定了学分的认定细则；将写作评价中的情感、态度、习惯及特长设定为标志性参照物。二是对课程标准中不太科学的内容作出了尝试性改动。如选修中的五个系列,一至三系列的内容类别不太恰当。我们根据课程标准关于文学、文言和应用的精神以及未来高考命题的操作性研究,将之划为文学类、文言类和实用类表达交流。三是从教学方式对教学中的重点难点作出了具有操作性的指导。如指导学生围绕活动主题进行语文综合实践活动:通过图书馆或网络,掌握查找资料、引用资料的基本方法,学会对不同文献资料的比较研究;有了结论后,相互讨论,小组交流;用文字、图表、图画、照片等展示学习成果;结合成果展示与活动中的合作态度、参与程度、探索问题和解决问题的表现,师生一起作出评价。对研究能力较强的学生,还要求创设一种类似于学术研究的情境,让学生自主、独立地发现问题、搜集与处理信息、表达与交流看法。

另外,我们根据课标基础性和发展性论述,明确:基础课侧重对学生基础知识、基本能力、基本态度的培养,它的要求和内容是最基本、最基础的,是每一个学生都必须学好、终身受益的;探究课侧重于"学习内容和要求",具有层次性、选择性、研究性、开放性,突出特色、个性和特长,培养的是学生的创新精神和实践能力。

2. 新课程改革的理念得到了比较广泛的认同。师生多认为:课程分必修和选修,有利于高中学生语文素养的提高和个性爱好的发展。在广州市做问卷调查时,有90%的教师认为开设选修课是完全有必要的,必修与选修的互为补充、互为发展能有效地促进学生全面发展,促使学生更主动地适应社会发展和时代需要,能有效地发展学生自主获取知识的愿望和能力。课程的结构体现了时代要求,在反映学科基础性的同时强调了选择性,可以满足不同学生发展的需要。

老师教的观念和学生学的观念有了质的变化。广州市海珠区教研中心陈祥春、中山市教研室教研员段菁华等反映:中山市的老师说,"开设语文选修课程的实践,收到了深层次的'洗脑'效果。一是给教师展示的不仅是课程形态的变化,更是教育理念的更新;二是全部教师和学生都置身其中,是全体师生共同完成的观念转变,以前进行的改革不是全员性的,从来没有达到这个广度。三是效果也是明显的,如"语文教师开始关注学生的全面发展","着眼点由语文知识本身转变为人的语文素养的提高"。

广州市教研员谭健文反映:新课程实施后,广大教师通过各种学习和培训更新观念,通过对实验教科书的研究,触摸和了解了课改的基本精神,在实验教科书的指引和要求下,教师的教学行为发生了很大的变化,学生的交流合作、自主学习和语文实践能力得到了比较好的发展,出现了向实现课程的目标发展的良好态势。

3. 百花齐放的教材,为师生的教与学提供了过去没有过的选择机会。全国有6套教材(其中有一套基本没有使用),仅在使用的5套就有74个选修模块;这些选修教材按诗歌与散文、小说与戏剧、新闻与传记、语言文字应用和文化论著选读五个系列,各有特色。仅我省使用的粤教版(17个地市)和人教版(4个地市)两套教材,就多姿多彩。如一些选修课侧重于应用,一些侧重于审美,一些突出探究,一些将两个或三个方面的目标综合于一身。加上我省选修教材实行通选,即不管是人教版、粤教版、语文版,6套教材中,地市或学校、教师认为适合自己教学实际的就选,80多个模块可让教师和学生比较鉴别后选用;在教学过程中发现的问题,编写单位常常会及时解决,老师都说,"有了对比,我们会优选;有了竞争,反映的问题有人听"。事实上,多样的教材可使教师发挥自己的特长,形成个人的教学风格;可以让学生更好地进行有选择性的学习,确实可以在学习中奠定学生的个性发展基础。

4. 实验的需要,促成了有效的课例培训,提高了师训的功效。教师在"典型引路,课例研讨"中走进新课程,通过具体课例,让教师明白怎样进行新课程的教学。

最重要的是用好第一线的课例。课例特别强调代表性和针对性,来自不同层次的学校,质量有上中下,数量以中为主。每个课例都从不同的角度反映出教师对新课程的某一理念或其某一方面的把握或忽视,都清楚地呈现了师生之间的互动及互动的实际效果,展示了师生意见分歧、认识差异及思维碰撞的过程。

培训时,我们首先让教师看课,强调边观看边思考边记录,然后将各种意见摆出来交流。当各种问题交织在一起,教师的思维处于兴奋状态时,再让上课者有针对性地谈自己当时的思考、设计、评价和反思,现在的思考和改进设想。接着,让教师进行再交流、再评价、再提问。然后,教研员再作尽可能具体而全面的点评。点评重点是课例在哪些方面体现了新课程的理念,教与学方式有了哪些变革,哪些具体言行可以再提升。最后以感受和体会的形式,解释说明怎样在具体课例中体现课程、课标要求,怎样用教材和如何选教法。进入第二轮培训时,我们还征集了论文、教案、研究报告、教学录像、多媒体课件和各类测试卷,并且对这些资源进行了第二次、第三次开发,使培训更具针对性。很多教师在培训体会中写道:"这样的课例培训方式我们觉得既亲切,又有实实在在的收获。"与此同时,各市还采取了许多有效的培训方式,如中山每年到北京、上海住下来学习,惠州加强市内教学潜力的挖掘,连山瑶族自治县连山中学也通过强化校本教研提高了师资水平。

5. 大胆的探索,促进了教学方式的转变。新课程改革重点之一,就是要让学生学习产生实质性的变化,提倡自主、探索与合作的学习方式,逐步改变以教师为中心、课堂为中心和书本为中心的局面,促进学生创新意识与实践能力的发展。广州市在调查中发现:课堂教学呈现灵活多样的学习方式,传统教学仍有着强大的生命力,并继续在新课程教学中发挥着应有的作用。在古诗文的教学中,60.05%的教师采用传统式的讲授方法,在论述类、文学类、实用类文本的教学过程中,分别有12.33%、14.12%、12.17%的教师使用讲授方法;46.59%的教师在文学类文本阅读中经常使用自主学习的方式,32.14%的教师在实用类文本阅读中经常使用自主学习的方式;50.64%的教师在文学类阅读中经常采用探究学习的方式,20.61%的教师在实用类文本阅读中经常使用探究学习的方式;无论是论述类、文学类,还是实用类、古诗文的教学,均有超过20%的教师经常使用合作学习的方式,引导学生阅读与鉴赏。

广州市有56.98%的教师完全按照教科书的要求精讲基本阅读,略讲扩展阅读,29.05%的教师则根据学校的实际调整了教科书中的某些基本阅读和扩展阅读。对必修课中推荐的课外阅读,46.42%的教师采用教师推荐、学生课外阅读的方式,有11.36%的教师不但推荐,还用测验的方式促进阅读,落实阅读。接近八成的教师在教科书的指引下开展各种语文实践活动,68.50%的教师不是刻板图解和被动反映教科书,而是在教科书所描述的框架内进行创造性的设计,根据实际调整活动。只有2.59%的教师没有开展语文活动;18.18%的教师按传统的阅读教学方式只讲课文,不开展活动。在实施中,9.57%的教师认为学生通过课程的学习,语文实践意识提高了。

倡导学生自主、合作、探究的学习方式,打破了过去一言堂、几言堂的教学格局,实现了人人参与、个个成功的教学格局,成功地探索了与选修课相适应的教学方式。如成功地探索了"自助餐式教学",就是根据学生身心发展和汉语文认知心理的特点,关注学生的个体差异和不同的学习需求,给学生自主选择的权力,学生可凭借自己的主观经验和感情色彩来品味读物,并基于自己的个性而展开思维。

现在,教师在教学中大都改变了过于强调接受学习、死记硬背、机械训练的习惯,建立了新型的师生关系。教师坐在一起,谈的话题常常是如何处理好掌握知识、技能与培养能力、促进学生情感态度价值观发展的关系,议论也多是围绕怎样处理好观念与行为、经验与创新、目标与过程、教学内容与教学方法之间的关系。教研活动时,大家会提醒:要防止对教学方式改革形成表面化的理解,克服一些形式化和矫枉过正的倾向,提高现代教学技术在教学过程中的应用水平,加快教学信息化建设步伐;实践中,会自然地形成一些有效的教改主题或教学模式,如广州大学附中将活动贯穿于整个单元学习,结合活动主题创造性使用、组织、延伸教材。以活动带动阅读,以活动促进写作,重视体验,在探究中启悟,"活动强调的是学生的亲身经历、直接体验。教师要敢于'放手',还学生一片自由的天地,凡是学生可以做到的事情,教师决不越俎代庖"。确定了语文综合活动的基本模式,即"激趣——探究——实践——反思",并落实指导,在活动中学语文,教师要周全有效地进行整体规划设计,将教学活动落到实处,切实落实语文学习领域中的听、说、读、写,提高学生的语文学习能力,实现"活动与语文知识技能的结合,注意学生语文能力的形成和语文素养的提高;活动与写作结合,写作成了活动不可缺少的一部分,而且是学习活动的自然延伸和总结升华"。

在此基础上,我们还要求广大教研员和骨干教师有计划地深入课堂,通过听课、评课等方式,帮助老师们转变教学观念和教学方式,并讨论和制定了新课程标准下的课堂教学评价标准。

6. 新的教学形态理念,突破了原有的评价方式。因为所有课程都按照必修和选修进行了调整和组合,必修和选修均以模块为单位进行教学,模块教学实行学分管理,这就要求我们必须突破评价这个瓶颈,因为师生的切身利益都与评价密切相关。突破它,课改就会取得实质性的进展,新课程的建设就有了标志性的成果。我们的做法是:

(1) 构建宏观的评价体系。从全局的角度,一方面通过改革高考使之发挥较好的课程引导功能,另一方面通过健全教学管理、教育督导制度加强基础教育自身的评价管理。一是制订了"广东省普通高中毕业生综合素质评价方案",根据学生的学习行为和表现,对学生素质进行全面、客观的评价,评价记录将作为学生毕业和高校招生的重要依据。二是制订了高考改革方案,在考试科目组合、考试内容、综合评价等方面进行了适合新课程的改革。三是制订了"广东省普通高中教学水平评估指标体系",对普通高中进行教学水平的评估,通过评估促进校长提高管理水平,促进教师提高教学水平,为学校提供科学、公正的质量评价。

(2) 突破旧的必修课评价、选修课评价及学业水平评价标准。必修重点是基础性和均衡性;选修重点在注重基础的同时,更多地着眼于多样性和个性化;综合评价模块评价是毕业水平的检测,注重全面和发展。评价是四结合:一是口试与笔试相结合;二是闭卷考试与开卷考试相结合;三是阶段性考试与平时检测相结合;四是一次考试与多次考试相结合;五是综合考试与单项测试相结合。闭卷考试主要考查识记性的内容;开卷主要以考查课文知识的延伸、能力性的内容为主。阶段性考试以考查学生的知识为主,内容较系统、连贯;平时检测以考查学生学科修养的内容为主,如习惯、态度、积极性,上课是否积极思考、举手发言。根据内容,定出标准,分等登记,保存归档。学生觉得考得不理想,允许准备后再考,甚至三考,直至满意。可以是综合考试,也可以分门别类地组织考试,如按积累、理解、运用等单考。试卷的设计:一是密切联系生活。以生活知识来考查学生,让学生能感悟到语文知识就在生活的周围,就在他们的身边。二是有趣味。设计一些有趣味的题目,使学生快乐地掌握知识,考出乐趣,也考出水平。三是有开放性。题目设计的问题结果应多极化、多角度地向四方扩散,不要限制学生的思维,让学生充分发挥想象,开拓他们的创新思维。四是可选择性。设计较难、稍难、容易、较容易、很容易各种题目,给予学生一定的挑选余地,让学生根据自己的语文水平来决定,来挑选。也可变一卷为多卷,每次考试可以给学生提供难易有别的 A、B、C 三套试题,允许学生根据自身的需要和当前的学习状况选择试题考试。教师尽量鼓励学生去挑战对自己有难度的试题,这有利于增强学习有困难的学生的自信心。成绩的评定:可将成绩分为笔试、口试、应用能力、学习语文的态度和情感等。赋分为笔试 50 分,口试 20 分,能力 20 分,态度、情感 10 分。

（3）选修课注重多样性和个性化。根据系列的特点和教学评价的需要,对五个系列进行重组。如文学类系列,可以包括诗歌与散文、小说与戏剧。评价分读、写。读,一是阅读积累,如读了多少;二是读得怎样,如对作品的人物、情节和场景等的感受;三是有没有具体成果。还要注意广度和深度,就是看学生在多大的范围内接触到文学作品和典籍作品,他们的阅读兴趣和文化视野如何;看学生在多大程度上把握和内化了这些文学作品和典籍作品的精神内容,成为自己的价值追求和人格内涵。读的评价,一是考查态度、习惯,二是考查对主要内容和关键信息把握的程度。写的评价,主要是基本要求的掌握,是否真实、生动,社会效果如何。语言文字应用着重评价学生对语言文字知识、能力和方法的综合运用程度,以及对语言文字的负责态度。应用文主要是掌握基本格式,具有良好文风。

（4）学业水平科学化。评价可以检查学生所达到的学业成绩水平,作为学生能否毕业的依据之一,可以促使学生回顾、总结、整合已有的经验和成果,判断自己达到什么样的水平和适宜朝什么方向发展。如语文学科将考试能力层级完善为识记——理解——分析综合——鉴赏——探究。建立新的作文评价标准:一是参与态度;二是成果水平;三是文章内容和表达,四是强调文体特色,五是明确学生自评、师生互评等级。要求具体,可操作性强。还将考试卷的结构设计为古诗文阅读、现代文阅读(推出文学类阅读和实用类阅读)、语言表达和写作。一改多年来全国高考卷的传统思路、结构模式和题型设计,将传统的第一卷、第二卷改为"阅读鉴赏"和"表达交流"两大部分。更重要的是,这种有机的整合结构,凸显了语文课程标准对学生语文能力和素养的要求。答案不求唯一,甚至根本未提供"参考答案",强调的是思维过程的缜密和语言表达的流畅。这种完全开放性的参考答案也是前所未有的。这些探索,已经得到了课标专家和国家考试中心的充分肯定,许多成果已经成为2007年国家考试大纲的具体标准。

新课程的实施,改变了原有的学习评价方式,根据目标多元、方式多样、注重过程、促进发展的评价原则,结合学分认定,很多学校进行了过程性评价、发展性评价的探索,制订了《学校学分认定办法》。为了加强管理,成立了学分认定小组,并尝试在发展性评价理念下的校内考试改革、学生学习情感和态度的评价研究(学科评语)、学生学习过程的评价研究(成长记录袋、研究性学习手册)、学生各种能力(口头表达能力、解决实际问题能力……)的评价研究、学生在课堂活动中的参与程度的评价研究、学生学习成果(小论文、科技制作、手抄报、电子课件、网页、音像制品、艺术作品、实验设计)的评价研究等方面进行多层面的探索。评价的内容主要包括学生的出勤,学生的课堂表现,学生的作业、实验与实践,学生所学模块的终结性笔试等。评价方法上,运用观察、交流、测验、实际操作、作品展示、自评与互评等多种方式,采用学生学习成绩与成长记录相结合的综合评价方式,为学生建立综合、动态的成长记录手册、综合实践活动手册、发展性评价手册,全面反映学生的成长过程。以上手册均由管理系统自动生成。

广州市大部分教师重视对学生学习成果的交流与展览,让发展性评价获得最大的效益。评价的根本目的在于促进发展,而绝不是简单地进行优劣高下的区分。这一发展性评价的理念已深入到教学的许多环节中,将近九成的教师在每个模块的学习中都开展了学生学习成果交流(展览),46.91%的教师每学段举办1—2次,10.06%的教师每学段举行3次或以上,30.68%的教师不定期举行。33.44%的教师一直坚持过程性评价,使用多元的评价内容,强调评价日常化,促使学生建立良好的反思与总结习惯,激励学生不断进步。在模块学分的认定上,89%的教师坚持过程性评价占学生总成绩的 10%—30%,69.48% 的教师采用"平时纸笔测验+模块纸笔测试+其他评价"的模式。

广东仲元中学还借助电子信息系统,对学生进行即时性的管理和评价。教师把学生的过程表现即时录入评价系统,每学期每个学生不得少于 4 次,也可以由学生自己记录自己的特色,并由教师认可。学生自己展示成果,扫描成果内容上网展播,由其他学生给予评价与评分。在模块学习快结束时,由学生在管理系统上对自己做出自评,包括评分与评语,然后学生分成小组在系统上对他人进行评议,教师再根据平时记录,在系统上对学生进行综合评价。最后家长在系统上对自己孩子的综合评价结果做出回应。

这些评价,一是重视发展,实现评价功能的转化。评价功能要与课程目标一致,关注学生掌握知识、技能的过程与方法,以及与之相伴随的情感态度与价值观的形成,为学生的发展服务。二是重视过程,实现评价重点的转移,改变了过去那种过分关注对结果的评价而忽视对过程的评价的现象。三是重视综合与差异,实现评价指标多元化,共同基础与多样选择相统一。四是强调质性评价,实现评价方法多样化,更清晰、更准确地描述学生和教师的发展状况。五是重视表现性评价,让学生通过实际任务来表现知识和技能成就。六是重视参与,实现评价主体多元化,使被评价者从被动接受评价逐步转向主动参与评价,成为评价主体的一员,将评价变成主动参与、自我反思、自我教育、自我发展的过程。

这些大胆的评价探索,虽然还有许多问题,但体现了《基础教育课程改革发展纲要(试行)》的评价理念,关注了学生的学业成绩,发现和发展了学生多方面的潜能,了解了学生发展中的需求,帮助学生认识了自我,发挥了评价的教育功能,促进了学生在原有水平上的发展。

我们的探索,得到了国家考试中心的肯定:我们探索的考核评价的形式和内容成了国家考试大纲的基本内容,学业评价和综合实践指导也成了教育部课程发展中心的指导性意见。

7. 学生交流合作、自主学习和语文实践能力得到了提高。课程实施前，教育部曾向全国教师做了大规模的调查，其中包括了解旧课程目标的实现情况，以此为基础之一确定新课程目标。广州市在调查中，根据教育部问卷内容，设计了一些在学生身上体现得较好的课程目标，让教师排序，结果比例从高到低依次为：交流合作的能力、自主学习的能力、语文实践能力、运用知识分析问题的能力、责任感、创新能力。

调查中，教师认为学生通过课改学习，思辨能力提高的比例最高，认为学生勇于提出自己见解的意识加强的比例次之，认为学生的审美意识有所加强的比例排第三位，认为学生的口头表达能力有提高的排第四位。

选修教材比较充分地考虑到了学生的差异性和主体性，满足了学生多样性、个性化发展的需求，尊重学生的自主选择，把学习的主动权交给了学生，这自然对学生产生了重要影响：如在综合性学习中，学生要结合教材内容及自己的兴趣爱好，选择主题，参与活动目标的确定、活动进度的安排、活动评价的设计；每个人在活动中都有明确的任务和权利，都要在学习过程中对认知活动进行自我调控；学生自己必须学会自主、正确、合理地选择最适于自己的学习模块，使用自己最有效的学习方法，对自己选择可能带来的结果负责；学生由学习的被动接受者变成了真正的主人，这种变化带有根本性的意义。

8. 教学质量平稳，有些方面有了新的变化。

广东三年的语文高考平均分一直比较平稳，2007年是90分，2008年是90.7分，2009年是90分。考生人数2007年是55万，2008年是60万，2009年是64.1万。考生每年都增加几万人（连续六年以每年五万人的幅度递增），而且增加的基本上是高中扩大招生后招的成绩稍微差的学生，生源素质整体在下降，能够取得这样的成绩，实属不易。

在2006年和2008年中国当代语文教学研讨会和全国中语会2009年河南年会等全国性的语文教学竞赛中，广东省的课例都因教学观念的新颖而给人耳目一新的感觉，都获了一等奖，得到了很高评价。

在2005年、2007年和2009年举行的广东省高中学生现场作文竞赛、高中教师教学论文和课堂教学比赛中，也都取得了较好成绩。

全省涌现了一批优秀的教学能手和教研专家,有了一支比较强大的、有战斗力的学术队伍。有一位被教育部课程中心聘为新课程指导专家组成员,有两位参与了课程中心指导实验的专著撰写,有十位参与了课程中心教学资源的开发,为全国语文新课程提供了具体的课例、录像和点评;笔者先后被邀请到北京大学教育学院、首都师范大学、天津师范大学、福建师范大学、华南师范大学、广州大学和海南、辽宁、河南、宁夏、甘肃、湖北等地讲学。

全省也取得了一批优秀的科研成果。有了阅读为主,以活动、文体、语体组成的有自己特色的教材体系;有了比较完善的语文教研网络;有了队伍,有了刊物;有了各种类型的实验基地,包括国家、省、市、县等各种级别;有了重点、热点和难点的课题试验,涵盖了高中语文新课程实验已经碰到和可能碰到的问题,形成并出版了一些可供全国各地借鉴的成果,如《广东省普通高中语文新课程实验教学指导》(广东教育出版社,2004年6月)、《广东省普通高中语文选修课指导》(高等教育出版社,2005年6月)、《广东省普通高中语文课程评价指导》(高等教育出版社,2005年7月)、《广东省普通高中语文模块教学与考核要求》(广东教育出版社,2006年11月)、《广东省普通高中语文教学水平评估标准》(广东教育出版社,2007年10月)等。

课改得到了普遍的肯定与认同。在我们组织的一次高中新课程实验工作调研中,有关的数据统计表明,高中课程改革得到了管理人员、教师、学生的普遍肯定与认同:

(1)在108位各级教育教学管理人员课改问卷(无记名)调查中,认为课改势在必行的32人(29.6%),认为理论好、操作比较难的62人(57.4%),认为理论与实际脱节的14人(13%);认为本市县(区)校课程改革总体情况进展顺利的56人(51.9%),认为一般的40人(37%),认为问题较严重的6人(5.6%);对课改的前途有信心的44人(40.7%),一般的48人(44.4%),没信心的0人。

(2)在240名教师回答的问卷中,认为参加课改后,自己的业务能力提高了、教学观念更新了的204人;认为参加课改后,学生解决实际问题的能力提高了、学习方式改进了的177人;认为这次课程改革的目标达不到的只有 3 人。

（3）在 352 位学生的答卷中，认为老师教学方式和以前不太相同的 306 人，认为一样的 24 人；认为自己目前主要的学习方式是听老师讲课的 120 人；经常与同学讨论交流的 316 人，通过上网、去图书馆等方式查阅资料的 191 人。参加座谈的学生有 45 人，认为课改后的教学比以前较好的 35 人。

专家学者对广东的实验给予了比较高的评价。如教育部语文课程标准研制组组长巢宗祺就谈了比较全面的看法：

> 我和广东的课改者平时联系也多，他们经常和我共同研讨探索问题，我觉得广东的同志有智慧、有激情、有战斗力。2004 年至今，王土荣老师自己带了 12 所中学的二十多位教师，每个月都集中到实验学校的课堂，就某一重要问题进行专门研讨，取得了成果，就拿到其他学校进行验证和推广。五年多的实验探索，他们经历了调研、讨论、思考、选题、策划、组织、实施；进行了具体专题的课型课例思考设计、实例展示、共同观摩、全面研讨、深入分析、反思完善；完成了阶段总结、经验交流、专题梳理、综合报告及理论深化；初步探索了"自助餐式教学"等与选修课相适应的教学方式，根据学生身心发展和汉语文认知心理的特点，关注学生的个体差异和不同的学习需求，给学生自主选择的权利，学生可凭借自己的主观经验和感情色彩来品味读物，并基于自己的个性而展开思维。倡导学生自主、合作、探究的学习方式，打破了过去一言堂、几言堂的教学格局，实现了人人都参与、个个有收获的教学格局。
>
> 使人感到欣喜的是，参加实验的教师都在实验过程中实现了教学相长。课例研究中的专家引领、同伴合作、自我反思相结合，使实验教师不仅具有了比较扎实的教学功底，也丰富了教育教学理论，更重要的是具有了灵活地解决复杂教学问题的教学智慧，转变了教学方式，开始了创新行为，富有个性和创造能力的行为更多地出现在教学的预设与生成中，如教师能够依据教学目标、学生的具体需要和教学情境，适时灵活地运用教学方法。多位实验教师在全国和省市教学竞赛中脱颖而出并初步形成了自己的教学风

格。他们对课标的理解和教材的使用有自己独到的思考,对学生的学情把握到位,课题设计完整、科学;比较好地把新课程的理念表现为实实在在的师生行为,使教学真正地改变了学生的学习方式,学生到了一个新的天地。在学生自主合作探究中,教师的方法指导具体,有不少可资借鉴的经验、做法和思考。如果我们认真阅读,会发现这些具体的课例,虽然不能说处处可赏可鉴,但深入品味却真的可以感受到智慧的创意。至少,我觉得他们的选修课课例理论是先进的。因为《普通高中语文课程标准》第一次提出了选修课开设问题,这是语文教学的一个新天地。他们在这个新的天地进行的比较全面和深入的实验,本身就站在了理论的制高点上,站到了新课程改革的前沿,实验成果就具有了先进的特性。

六年间,我们接待了来自全国(包括港澳地区)26个省(市)、35批普通高中语文新课程实验考察队伍;在全国性的培训、各种会议和经验交流中,我们向全国语文教育界的领导和同行做过汇报,广东省语文新课程的各种实施方案和具体做法大都得到了专家和同行的普遍好评。与此同时,我们也走出去,对港澳地区和山东、海南、宁夏、河南等地的新课程实验进行了学习观摩,得到了不少启发,形成了许多共识。

《中国教育报》、《中学语文教学参考》、《中学语文教学》等多家报刊都报道了广东普通高中语文新课程实验的"红红火火"。

但问题也是不容忽视的,一是选修课理论美妙但很不完善。广州市大部分教师对五个选修系列的课程目标感到生疏,繁杂的内容又分散了他们对目标的把握:(1)以系列的方式体现,每一系列都可以从不同的层次、不同的角度开出内容完全不同的模块,内容庞杂;(2)五个选修系列中的三个系列是以两种不同内容的并列方式构成,如诗歌与散文。两种不同样式的内容共处一系列,这无疑加大了该系列的内容,也就加大了对该系列目标把握的难度。(3)选修模块天生就决定了其具有很大的弹性这一特点,弹性增大也就必然增大了教师对课程目标把握的难度。(4)高中选修的时间远大于必修时间。所以,从某种意义上说,选修成功了,新课程也就成功了;选修不理想,新课程决不能说成功。

二是考则教、不考不教、为考而教，选修课不"选修"，选修课开设全由高考说了算，而不是由课标、课程计划来决定。不少地方和学校根据高考方案出台相应的所谓"统一选修"和"指定选修"等对策，甚至由地市乃至省的教育行政部门或教研部门发文，统一"指导"选修课开设有关选修模块，有些连教科书也统一指定。这种"大一统"的指定选修不就是必修吗？这与当初"先学后考，考基于教与学"的课改评价与考试愿望完全是相违背的（这是汕尾市教研员林惠生等人的看法）。

选修教学难度过大，对教师的语文素养要求比较高，37.3%的地处城市学校的管理人员提出了师资素质低下是制约学校选修课开设的重要原因，山区学校更占到84.2%。

三是教师一度不敢讲知识，怕被人说依然是以知识为中心；个别教师在具体的教学过程中过分地突出人文性，课堂上的一些分析与讨论与课文内容没有内在的联系，造成基础性不足。

四是学生语文方面的个性特长没有在新课程实验中得到真正的发展。

五是选修课开设没有与高考和谐统一。高考考试方式对高中新课程实施有巨大的影响力。2007年1月《新课程高考考试大纲广东考试说明》公布，根据高考的方案，各校纷纷调整选修课的安排，都努力地寻找与高考发展模式相一致的选修课程。85%以上的教师在高考考试方案公布后，认为在高三按高考要求的实用类和文学类进行选修指导是合适的，65.25%的教师认为在高二应加强古诗文的选修指导，18.99%的教师认为高二应加强必考内容的训练，高三则按高考要求的实用类、文学类指导学生选修。新高考后，许多参加课改的教师怨恨自己做了很多的"无用功"；凡有高考指导经验的教师都认为，以旧课程的语文经验来进行教学，也能考好新课程高考。

最近，我们进行了选修课出路的专项调研，96.7%的教师都认为，只要解决好了新课程与高考的关系，选修课实施就不是大问题。现在，语文高考没有与语文选修课有机结合。虽然我省有严格的课程执法机制，如高中教学水平的督导评估，但实际情况难尽如人意；不少学校是评估组来了，就按省的课程要求开课，评估组一走，就自己重新开设与高考关系密切的选修课。

六是对自主开发和充实新课程教学资源重视不够,没有创造更多优质的教学资源,特别是提高网络教学资源的应用水平。

七是农村、山区目前的资源不够,师资水平难以配套,教学管理跟不上,一些学校为了应付开设选修课,没有条件也硬着头皮上,结果打乱了学校原有的教学计划和教学秩序,也影响了课程管理。有些领导和师生对语文课程标准关于"选修课"开设的目的、意义、要求、做法等没有清醒、完整的认识,选修课在盲从中走过场,流于形式。比如有的只从高考等相关制约性因素来考虑选修课,有的只根据学校条件和教师的个人喜好而一厢情愿地"安排"选修课,并没有充分考虑学生而让学生自行"选"修。

八是没有完善校本教研、教师专业可持续发展的长效机制。

九是大大增加了教师的教学负担。本次调查,仅广州就有95%以上的教师认为新课程实施后他们的工作量增大了,其中60.38%的教师认为工作量增加了很多,很大一部分时间是花在选修的学习和备课上。

教学质量不能说有明显的提高。调查中,认为学生的写作能力降低的教师较多,认为学生的语文基础知识技能削弱的比率也不低。

大部分学生没有完成必修课规定的课外阅读量和练笔量。必修课程目标规定学生的课外阅读总量不少于150万字,课外练笔不少于2万字,广州把150万字的课外阅读和2万字的课外练笔的要求放宽至三年六个学期,每期课外阅读量不少于25万字,课外练笔约3500字。调查结果表明,只有3.24%的学生每学期能完成25万字的课外阅读,19.48%的学生每学期能完成约3500字的课外练笔。

义务教育新课程实施状况调研
——以县域为中心的考察

蔡 可

新课程实施是把新研制的各类课程政策、课程文件付诸教学实践的过程。这是一个动态的、复杂的过程,其中包含许多变量,由于各种因素的影响发生着变化,因此直接影响课程改革实施的变化。"义务教育新课程实施状况调研"从《全日制义务教育语文课程标准(实验稿)》所倡导的理念开始,展开对"实施过程"现状的调查(部分问题兼及高中),从而认识影响课程改革实施的因素。

义务教育实行"以县为主"的管理体制,本研究聚焦语文新课程的县域实施,于2008年10—12月,在江西赣州市龙南县、定南县做了实地调研、访谈与问卷发放,涉及7所小学、6所初中近400名教师,回收有效调查问卷385份;2009年8月,在河南省发放并回收教师有效调查问卷305份,涉及十余个县、近百所学校的义务教育阶段语文骨干教师;2010年4—5月,赴河南信阳市十三里桥乡、南阳市内乡县实地调研。调研的区域属于中部地区,涉及学校大多是乡镇学校、村小及教学点。

十年来,基础教育课程改革虽然取得了一定的成绩,但这几次调研也发现了许多需要注意的问题。语文新课程实施中存在的问题不能脱离基础教育课程改革实施的大环境,根据这些地方的调研来看,影响县域基础教育新课程实施的主要因素是实施条件的落后性与实施主体的局限性。所以,在新课程的继续推进中,我们应该认识并优化这些影响因素。

一、新课程实施条件落后性的表现

(一)"大班额"现象在城关学校问题相当严重,进城就读扩大化挑战教育均衡

当前,由于新农村建设及城市扩大化,农村中小学生进城就读数目急剧增加,越来越多的学生家长为了让子女"进城就读"而选择"弃农进城打工",农村学生流向县城的规模大、人数多,且有持续增长的势头,县镇许多班级规模普遍在60人以上,班额较大,开放性的学习活动设计与组织难落实,个别学生的特殊问题难以处理,大大增加了教师的教学改革难度和教学工作量。与之形成对比的是农村学校萎缩,某种程度上延缓了基础教育区域均衡化发展的进程,造成新一轮两极分化。

以定南县为例,现共有完全中学1所、初中7所(其中县城中学2所)、小学30所(不含9个农村教学点)。城区小学生、初中生比例均呈现逐年递增的趋势。

2006—2008年三年内定南县城区学生占全县学生总数比例情况调查

年度	小学			初中			合计		
	全县总人数	城区总人数	城区学生所占比例	全县总人数	城区总人数	城区学生所占比例	全县小学初中总人数	城区小学初中总人数	城区学生所占比例
2006	14242	6117	42.95%	8562	4802	56.09%	22804	10919	47.89%
2007	14667	7269	49.56%	7000	4415	63.07%	21667	11684	53.93%
2008	13322	7221	54.20%	7129	4678	65.62%	20451	11899	58.18%

全县下属各个乡镇农村地区中小学生均出现人数减少现象。以距离县城中等距离的天九镇为例,2006—2008年三年初中学生数依次为581人、461人和376人;小学生数依次为1437人、1143人和930人。另一个地处乡镇的岭北中学2005年学校规模曾达到18个教学班,学生828人;2007年秋季开学,全校只剩下教学班8个,学生270人,每班平均34人;2008年学生总人数进一步锐减到233人,教学班减至6个。农村中小学生数量呈急剧下降的趋势。

总体看,全县中小学生"进城就读"呈现以下突出特征:其一,农村学生流向县城的规模较大、人数较多,且有持续增长的势头,进城时间也由原来主要集中在学期初演变为城市学校随时可能接受进城就读学生。其二,县城成为县域中小学学生的聚集中心,全县范围城乡学生比例发生颠覆性变化。在县城就读的中小学生人数达到新高,全面超过在乡镇以下中小学校就读学生的总人数。其三,距离县城较近的农村地区中小学进城就读人数最多,距离县城越远的农村学校进城人数越少,但几乎所有的学校都有学生进城就读;其四,越来越多的学生家长为了让子女进城就读而选择弃农进城打工。农村中小学生进城就读过程中,隔辈租房陪读现象普遍。

在河南内乡县调研时,教育局文件资料显示:

> 随着进城务工人员的增多,城区适龄儿童少年逐年增加,现有学校建设所能提供的学位不能满足广大干部群众子女就学需求。就我县而言,在现有教育资源配置下,城区小学试图基本控制在50人以内,初中控制在60人以内,高中控制在64人以内;但这一目标很难达到。

在县域学生总数有所减少的情况下,大规模学生进城就读导致现有的城乡学校之间的平衡被打破,城市中小学骤然"升温",必然会导致农村中小学发展受到"冷落",城市中小学则"人满为患",城乡中小学校之间差距将进一步加大,城乡教育均衡发展的进程将受到巨大冲击;与此同时,农村中小学生群体成为相对处于"弱势"的留守儿童、成绩不良、家境贫寒以及农村女生等群体的集合,城市学校带有强烈的"择优选择"色彩的做法只能进一步加大城乡学生群体的差异;而且,随着学生进城就读人数增多,县城学校教师不足,往往采取从农村教师中"招考"的方式,农村骨干教师被抽走、调离。很多农村教师积极准备应考,更多的老师自知"进城无望",只能"望城兴叹";加之,城市学校往往只"接收"那些"成绩好、有潜力"的农村学生,农村中小学"留守"的大多为留守儿童,学习成绩普遍不理想,而且"留守学生"中男女比例失调,以女生居多。面对"越教越少"、"越教越学得吃力"的学生,

"留守"的农村教师前途迷茫,充满担心,不仅极大地影响了农村教师的工作情绪,导致农村中小学教师"军心不稳",也使农村骨干教师外流,学科带头人比例进一步降低。城乡优秀教师不均衡配置程度加剧,必然会对农村地区中小学产生严重的"打击"。

(二)乡镇学校成为县域基础教育的短板,义务教育办学条件堪忧

由于农村义务教育投入的主要责任在县,调研中的这三个中部县教育投入总量并不足以支撑义务教育的高质量实施,非财政性教育经费来源的总额也不高,教育投入成为制约全县教育均衡发展的瓶颈,导致许多乡镇学校办学的条件性资源不足,特别是农村学校硬件和软件已严重短缺,现有的条件大多不能适应新课程的教学需求,在很大程度上制约了新课程的有效实施。问卷调查中,对"你在实践中遇到的主要困难是什么"的问题,有95%的老师选择了缺少课程资源;对"你认为在本校实施新课程的不利条件主要是什么"的问题,有53%的老师选择了教学设施等物质条件不能满足需要。

1. 寄宿制学校办学条件性资源不足。2004年左右,由于新一轮学校布局调整,不少乡镇建了农村寄宿制学校。但是在龙南县,大部分建成的农村寄宿制学校设施不完善,设备不齐全,办学条件堪忧。许多学校缺食堂,教师、学生都需要自己做饭,学生周一从家里带菜,五天不回家,带的只能是多盐的腌制菜肴,学校只提供蒸汽笼,学生顿顿需要自己热饭配咸菜佐餐,长此以往无法保证身体健康;一些学校缺操场或是操场过于简陋,不符合规定办学标准,风天灰尘大,雨天泥泞,坑洼不平,运动中学生很容易受到伤害;体育器材严重不足,现有器材老化,使用中存在安全隐患;部分学校校园周边无围墙,校外闲散人员与不法分子很容易侵入与学生发生冲突,同时一些学生很容易偷着溜出校园造成不安全因素;宿舍严重不足,甚至有些寄宿制学校上下铺住四个人,床铺护栏过低,容易滚落到地上,而且每间宿舍住20个人以上,一旦发生火灾将造成重大伤害。这些困难导致学生在校生活和学习无比艰苦,造成了严重的安全隐患,已经极大地影响了正常的教学,影响了全县农村寄宿制学校建设效益的发挥,成为制约全县教育均衡发展的主要瓶颈。

在定南县，由于学校布局调整后农村中小学寄宿制学校增加，配套设施不足，甚至出现学校安全问题突出的现象。在经历了几轮调整后，定南县的农村中小学数量大幅减少。中小学网点布局大规模调整的影响范围几乎涉及全县所有的中小学校。全县的中小学数量已经从2001年的189所（其中初中18所，小学171所）减少到2008年的49所（其中初中10所，小学39所）。合班并校后，农村学校数量减少，交通不便，绝大多数中小学生需要到新的学校"寄宿"学习。这些寄宿制学校绝大多数是在原来基础上改造的，校园划分教学区、生活区、运动区难度较大。相当一部分学校各项附属设施、设备严重缺乏：有的学校没有食堂或只有简陋的食堂，不能满足全部师生的就餐需要，有食堂的学校大都规模有限，无餐桌等基本设施；有的学校缺少必要的洗浴设施，没有锅炉房、开水房，不能满足学生需要；有的学校存在厕所蹲位不足或距离学生生活区过远的问题。另外，寄宿制学生最迫切需要的图书馆、阅览室、运动场地、设施还比较缺乏，只有少数学校配有必备的消防设施和器材。

由于寄宿学生不断增加，配套设施不足、不达标，满足不了学生活动的要求，大大增加了中小学校的管理难度。学生挤踏、冲突事件发生的概率大大增加。而且寄宿制学校没有生活教师编制，学校各项后勤管理工作都是由在职教师兼任，只有少数学校临时聘请了生活教师。随着寄宿学生数量大幅增加，农村寄宿制学校班主任或科任教师工作量增加，承担着教学工作之外的学生生活管理和保障学生人身安全的重要责任。学校安全问题已经成为许多中小学校的头等大事。很多学校还存在学校不能直接解决的隐患，安全台账落实仍有不到位现象，隐患时刻都威胁着学校师生安全。

2. 学校软件资源相当匮乏。在教师座谈中，教师最希望的是改善教学条件。有不少老师反映，希望能扩充设备，通过多媒体形式调动学生兴趣；希望办公室能有网络，自己可以随时查找并制作教学软件。但经费不足使许多教学条件得不到落实。虽然不少学校图书装备合格，但多数图书较陈旧，不能符合当前教育实际；几乎没有学校能为教师订阅学科的专业刊物，与此同时却要应付上级部门的报刊摊派；由于新课程对教学仪器提出了新的要求,许多学校的教学仪器面临更换;远程教育网等仍不能保证,有的学校只有一所计算机教室,教师无法上网,有专业发展意愿的教师只能自购电脑,这给教师造成了沉重的负担。软件资源匮乏、课程资源不足仍然是制约教学的重要因素。

(三)教师专业支持体系尚待健全

培养教师职业观念,提升教师专业知识,培训教师专业技能,促使教师养成良好的专业品质以及在实践中的反思精神和研究能力,是提高教育质量的关键。为此,加强培训,提高教师队伍的专业素养,建立教师专业发展的支持体系显得尤其必要而迫切。而现实情况是:

1. 教师培训机会稀少。教师们普遍表示出对于更多更好的培训的强烈愿望。但乡镇尤其是农村中小学在培训体制、经费上都存在着障碍,老师能参加的全员培训多集中在县一级层面,而且多是出版社所做的教材培训,只是讲教材设计的原则,不能满足教师实际教学需要,针对性也较差;省、市一级的教育教学单位、教科研部门很少能介入到基层教学实践,很难满足教师的要求。教师培训与专业成长、职称评定、福利待遇的关系等问题也需要解决。

新课程对老师的要求是"不培训,不上岗",而在义务教育阶段,参加培训时间在10天以下的老师占到了90%,而且据访谈,这中间还有许多老师接受的只是网络培训,教师们几无"走出去"的可能。

参加新课程正式培训的时间(义务教育)

选项	没参加	3天以下	3—10天	10—15天	16天及以上	总数
人数	24	24	25	6	2	81
百分比	29.6	29.6	30.8	7.41	2.59	100.0

2. 培训"凌空蹈虚",实效性较差。在针对培训是否有收获的调研中,竟有高达43%的老师认为没什么收获,17%的老师认为收获很小,认为收获很大的老师只占7%。据访谈,他们认为,培训没什么效果的原因主要在于:培训的内容过于理论化,与教育教学工作实际脱节,不能解决教学实际问题;培训者层次不够,甚至有的培训教师的水平还不

如受训教师;培训内容重复等。有的老师对培训产生了抵触的情绪,认为是耽误时间。

此外,现有教师培训形式呆板,需要开展多种形式的教师培训,带动教师参与,引入教师的实践性知识。下面是一位初中教师对教师培训的意见:我们市的做法是,每个学校每门学科选1—2名教师参加3—4天的集中培训。地点是某一市直学校,方式是一次性讲授或讲座、报告,内容是课程纲要和标准解读、教师行为方式转变等,基本是讲理论,听讲的中小学教师感到很费劲,讲课教师水平太高,自己水平太低。以后,再由这些经过所谓培训的教师回校依葫芦画瓢面对本校的教师进行培训。这样的培训缺乏实践性,培训的质量得不到保证。我们更渴望一种探究式的学习、案例分析式的培训,希望参与到学习过程中,而不是作为一个被动的接受者。

3. 缺乏培训者培训。县级教研员、师训机构在培训中起着承上启下的作用,再加上他们在教师专业晋升中的决定作用、在设计本县学校单元测试题时对教学的引导性作用,他们对当地课程实施影响很大。然而他们又不是一线教师,国家或地方在整体设计培训时,可能有结构性缺损,没有把教研员等培训者的培训放在应有的地位。有些县教研室设计的语文单元测试试题依然繁难偏旧,常见忽略语用直接考查知识点的题目,与课标理念不符,仅此一项就已经直接影响了本县的教学。

4. 教研制度有待深化。学校里的教研制度已经常规化,得到了广大教师的认可,并且取得了一定的成效。在调研问卷中,对"您认为学校开展的校本教研活动对您教学是否有帮助"的问题,各选项与教师们选择的比例如下:

义务教育

选项	帮助很大	有帮助	帮助很少	没有任何帮助	总数
人数	15	37	24	6	82
百分比	18.3	45.1	29.3	7.3	100

普通高中

选项	帮助很大	有帮助	帮助很少	没有任何帮助	总数
人数	13	47	27	2	89
百分比	14.6	52.8	30.3	2.2	100

认为校本教研活动"对教学帮助很大、有帮助"的教师在义务教育阶段比例是52%,在普通高中是50%,这个比例对于今后深化教研活动是有益的。

但我们也必须看到,校本教研仍不够深入,教师缺少专业支持,学校教研活动的开展还停留在表面上,大多只是背教材甚至流于校本教研形式。调研问卷有一道多选排序题:您参与的教研活动内容主要是? 选项如下:

①仅仅是交流教材内容 ②仅仅是同事间的聚会 ③组织教师说课、上研究课 ④个人研究性学习交流 ⑤开展问题讨论,进行具体课题研究 ⑥无实质内容

选择比例如下:

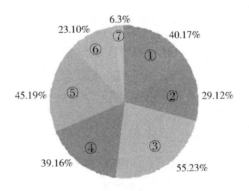

选择同事间聚会的占12%,选择无实质内容的占10%,仅此两项,比例就达到了22%;选择交流教材内容的占17%;而选择进行课题研究的比例只有19%。可见,教师们并没有找到适合自己"教研"的方式和方法,没有真正通过教研走向自我专业成长。

另外，教师和校长都反映，虽然专家和学者介绍了很好的理论，但是将这些理论转化为实践中的行为还需要更多的专业支持。而教师们欠缺这种支持，非常希望能有更多的专业支持进入学校。

（四）评价机制滞后

1. 纸笔测试是评价学生、评价教师的主要手段，评价体制亟待改革。近年来中考、高考虽作了一些调整和改革，如中考的理化实验操作能力测试、高考的3+X等。但只要"一张试卷定终身"的体制没有根本性改变，即使考试科目只剩下一门，师生们仍然会趋之若鹜，所谓素质、全面发展、和谐发展等，都将流于形式。评价和考试体系的滞后性已成为制约新课程顺利实施的瓶颈。目前，新课程的评价体系还没有建立健全，学科课程评价标准也还没有出台。这样，基层学校的多数领导与教师采用的仍是原有的评价标准，重视结果忽略过程，重视知识忽略能力，重视教师的教忽略学生的思维发展，纸笔考试依然是最终检验教学成果的手段，各学校所采取的评价方式基本是纸笔测验月月练、周周练。另外，在评价中存在一个突出的问题：县教研室为各中小学校提供单元测试题，但试题较为陈旧，既不能适应考试变革的需求，也不能通过评价来促进学生发展。

不过可喜的是，从调研问卷中，我们能够看到教师对唯分数评价的不满，期望能有多种评价结合的尝试。接近80%的老师认为对学生采取目标多元、方法多样的评价方式是必要的。但同时，调研问卷也显示，78%的教师主要是受到考试成绩评价，在教育过程中，教师们也很难真正放开手脚对学生进行过程性评价、质性评价。

在评价教师方面，学校的评先、教师的评优、晋级、竞聘等多与分数、排名挂钩，使教师不自觉地又走到重视分数的老路上。调研问卷显示，56.5%的教师对现行教师聘任制不满。教育行政部门和学校对教师教学工作的评价，选项中只看考试成绩的26.7%，主要看考试成绩的54.5%，通过多种渠道综合评价的只占14.8%。而且，在教师考核管理过程中偏于"走过场"。很多中小学的优秀教师不是上级"戴帽下发指标"，就是"学生考试成绩一票否决制"，甚至有诸多"潜规则"。职称评审基本按照固定比例进行"一刀切"的简单化处理，引发很多教师的不满,成为教师队伍不稳定的重要因素。

2. 尚未形成有利于新课程改革的良好社会氛围,新课程改革的宣传力度仍有待于加强。新课程改革理念虽已逐步深入到学校和教师,但远未动摇家长对教育的传统功利主义观念,未影响到社会对教育、对学校、对教师的传统评价,更未深刻影响到评价观念和评价方式的改变。社会与家长的功利性观念,应试教育的强大力量,影响着社会对新课程的认同及家长的支持配合。必须进一步加强宣传力度,调动多方面力量参与课程实施,赢得家长、社会的理解和支持。必须健全新的考核评估体制,要根据具体情况制定学校评价、教师评价、学生评价和课堂评价细则,充分提高教师参与新课程的积极性,打消教师实施新课程的顾虑,打消学生升学的顾虑,用与新课程改革相配合的评价制度和方法为新课程的有效实施保驾护航。教育行政管理部门要出台与新课程理念相应的考试政策,进行考试改革,要兼顾学生的基础知识、基本能力、情感、态度、价值观的全面评价,在考试的方式上体现多样性,突破原有的单一纸笔考试,将笔试与口试、技能操作等多种方式结合。

3. "应试型"教学影响内涵发展。通过这几个县域的调研,我们发现,县域教师整体素质与城市相比还略有欠缺,满堂灌、无效教学的现象还较为普遍,教师过分强调传授知识和技能,采取过度学习、强化训练的手段。这种直接针对考试的"苦教苦学"可以在短时期提高"分数",但学生身心发展受到影响,教师也难获得专业成长,缺乏质量可持续提高的基础。

高中教师调研问卷有一道单选题:您的学生在学习过程中的表现是?选项如下:

①主动参与,气氛活跃②少部分学生表现活跃③听讲为主,很少师生交流。

调查结果显示,高中教育中能够主动参与到课堂中的学生不足18%,在义务教育阶段这个数目也只是22%。

教学中,应试教育的倾向与拘泥于教科书的现象较为普遍。调研问卷有一道多选排序题:影响您教学行为导向的是什么?选项如下:

①考试（或考纲） ②课程标准（或教学大纲） ③教科书
④学生背景 ⑤自身知识与性情 ⑥其他

选择比例如下：

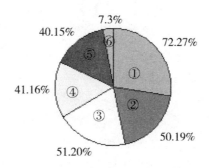

教学行为源于考试和教科书的比例接近一半，而源于课程标准的不足20%。

二、实施主体局限性的表现

(一) 教师队伍建设亟待优化

教师是教育的第一资源，"没有高水平的教师队伍，就没有高质量的教育"。由于客观原因，城市、乡镇、农村的教育现状一直存在明显的差异。随着近年来的教育发展，城市、乡镇、农村的教育虽然都在发生变化，但由于不在一条起跑线上，所调研的中部几个县的教师队伍建设依然存在一定的问题。

1. 教师年龄、结构分布不合理。在龙南部分乡村学校，教师队伍结构性矛盾仍然突出，尤其是随着义务教育课程改革的不断深入，农村小学教师学科结构不合理现象越来越突出，英语、计算机、小学科学等学科教师严重缺乏，绝大部分农村小学无法正常开设相关课程，"教非所学"的现象时有发生。教师配置"结构性"缺编严重。教师年龄结构也不尽合理，县镇中学如龙南高中的教师普遍偏年轻，教学经验不足，执教水平相对较弱。而在农村地区，因用人机制不畅通，一些农村地区多年无法调入或新聘教师，致使队伍老化，青黄不接，断层严重；又因农村教师待遇偏低，致使队伍不稳，大批骨干教师流失，导致层层拔高使用,形成恶性循环。

在内乡县,随着在校学生的不断增多,教师配置也有很大困难,难以满足教育教学需求和课程开设要求。按照现有教师编制配备标准,到 2016 年六年时间内,内乡县小学需要 3300 多人,初中需要 1800 多人,那么义务教育阶段一共需要增加 389 人,加上每年退休和自然减员 190 多人,到 2016 年要新增教师 1700 多人。综合目前的情况,困难之大可想而知。

与教师编制工作问题相关的,是上级教育行政部门的教师编制标准和新的教师编制标准下教师工作量标准的确定滞后,不适应学校发展和规范办学,极大影响着课程的开齐开全。以河南省为例,首先,省核编办法比较适合城区学校和平原人口集中的县市学校,不太适合像内乡县这样山区人口密度小、生源分散、成班率低的情况。例如,内乡县七里坪、夏馆、板场三个深山乡镇,人口密度每平方公里仅有 50—60 人,是城市人口密度的百分之一,是平原人口密度的十分之一。按照省核编办法,七里坪乡只能配备教师 124 人,夏馆镇 165 人,板场乡 80 人,而以上三个乡镇实际需要远远不只这个数。内乡县 273 所小学,有 57 个教学点,其中所谓"单师校"就有 32 个;达不到 50 名学生的有 46 个。根据以往生定编的新编制标准,这 46 所学校每校只能有教师 2 人左右,而正常开展工作至少需要 4 人。由于教师编制紧张,内乡县中心小学 10 个班只能配备教师 14—15 个人,分校一至四年级只能配备 5 个人,一至五年级只能配备 6 个人,大部分分校教师包班,难以开齐开足课程。其次,省核定编制不全面,对非基础教育阶段及其他教育机构没有核定编制。非基础教育阶段及其他教育机构占用着基础教育阶段的编制。同时,农村学校编制不足,寄宿制学校生活教师问题、学校校医编制问题、农村附设幼儿园教师编制问题以及教师生产、重病替补编制问题等,都困扰着目前的教育规范发展。从内乡县的实际情况可知,亟待完善县区核编方式,补充教师,特别是补充农村教师。

2. 教师负担过重,工作生活条件亟须改善。教师工作量大,负担重,一是由于班额大、寄宿制等问题带来的工作量的增加。"我们每天几乎有 16 个小时待在学校工作,学校有一半的老师因为话说多了、讲台站久了而患了咽炎,天天疲于改作业,怕住校学生出问题压力巨大。社会上天天呼吁给中小学生'减负',我们的'负担'比学生的重多了,谁来给我们'减负'啊?"一位任教于寄宿制学校的老师甚至发出了这样的质问和"呐喊"。从我们在龙南 7 所义务教育学校和龙南高中所做的调研来看,义务教育阶段每周课时数在 10—20 节的老师占到了 85%,普通高中阶段每周课时数在 10—20 节的老师占到了 78%。相当部分负担过重教师的身体长期都处于亚健康状态,而这些教师强烈的责任感又往往使他们错过了检查和及时治疗的有利时机。多数学校未能落实国家劳动保障部门每年为职工进行一次免费体检的规定。

其次,在新的质量观背景下,教师面临新理念、新教材、新方法,需要不断地提升自己,如拓展知识面、参加教研活动、参加各种培训以完成专业成长,工作量在不断做"加"法:光有一桶一成不变的死水还是不够的,需要一桶常换常新的活水。再加上现在的课程结构与课程内容向教师提出了新的要求,很多新知识是教师和学生同时开始学习的,教师要教书育人,必然要付出更多的艰辛。义务教育阶段每天加班 2 小时以上的教师已经达到 62%。

教师收入普遍偏低,不能保证县平均线以上生活水平,职业认同度相当低。巨大的工作量相对应的是每月远低于平均线的工资(龙南、定南县乡镇学校教师工资平均只有 1200—1600 元),无法保证基本生活,更不要提买房、娱乐等开销。"我有一个学习比较差的学生,去年毕业他没有上高中,选择了外出打工,今年回来看我,告诉我他的工资比我现在都高,我好歹也是正规中师毕业,怎么连一个初中刚毕业的自己的学生都不如呢?"一位老师无奈地告诉我们。在一个乡村的初中,当问到如果有重新选择的机会是否会继续做老师时,参加访谈的七位老师异口同声地说"不会"!社会的压力、学校的压力、家庭的压力往往会集中在教师的身上,成为难以承受之重。

(二)教师队伍质量有待提高

1. 师生缺乏适应新课改的知识基础。有些教师不能适应新课程,需要提高新课程的适应能力,增强课程开发与实施能力。根据我们在江西龙南县所做调研来看,67.6% 的教师对课程改革与课程评价的指导思想认识模糊,推进新课程的动力不足。在有关实施新课程有利条件的调查中,57.4%的教师认为教师业务能力难以适应新课改的基本要求;仅有11.8%的教师认为教学条件能适应新课改的需求;仅有8.8%的教师认为有适应新课程改革的学校文化氛围。访谈中,有些老师认为考试题越来越难,与课文知识脱节,其实是将视野仍局限在课本知识之内;对语文不学习语法提出质疑,反映出对于当前语文课程及评价的隔膜;提出课时不够,部分原因也是难以把握教材所致,或是人为地增加难度。这些都反映出教师对于新课程的隔膜,驾驭新课程的能力有欠缺。

关于新教材的备课,77.9%的教师认为需要参阅教材和教参之外的大量相关资料,教师对新教材内容体系把握不够。针对新课程教学,33.8%的教师认为教学技能(包括教学内容的设计、教学方法、教学手段等)非常欠缺,50%的教师认为教学艺术(指师生关系的把握、教学氛围的营造等)非常欠缺。在新教材内容的调查中,53.7%的教师认为高中新教材内容过难,与学生在中小学的知识接轨不是很好,学生已有的基础知识跟不上。

新课程改革倡导以学生发展为本的现代理念,要求教师在课堂教学传播知识的过程中激发学生思维,生成自己的知识,促进学生自主发展。这一变革要求课堂教学过程中教师要构建"共同参与,互相合作"的师生关系,给教师驾驭现代课堂带来了难度。教师很难迅速适应新课程改革背景下的课堂教学要求。传统的课堂教学定势使得教师习惯于在课堂上完成预定的教案设计,在教学中常常不自觉地滑回自己所习惯和熟悉的教学行为。这反映出教师在行为和心理上的不适应,也是教师习惯的教学行为对新课程实施的无意识抗拒。

2. 教师课程意识薄弱。长期以来,教师已经习惯于大一统的国家高度集中的课程管理模式,只是教材的被动执行者,只关心自己所教学科的教学内容与教学要求。新课程改变课程管理过于集中的状况,增强课程对地方、学校及学生的适应性,妥善处理课程的统一性与多样性的关系,集权与放权相结合,建立了国家、地方、学校三级课程管理体制。然而调研所见,这几个县域的教师课程意识都较为薄弱,不理解何谓课程,也很难谈得上有课程开发的意识,大多只是将课程改革理解成教材的更换,很少能见到对于国家教材的创造性处理,更谈不上对语文校本课程进行开发。

3. 现代信息技术运用停留在初级水平。新课程实施对教师熟练灵活地运用现代信息技术的能力提出了新的、更高的要求。但是,部分教师只能简单地上网下载课件,照本教学,不能创造性地针对教学自制课件。有些农村民办转公立和代课转正式的教师,没有接受信息技术培训,上课要么不用现代教学媒体,要么点点鼠标操作别的教师事先为他们准备好的课件上课,使得教学效果大打折扣。江西龙南县的调研问卷显示,71.8%的教师从来未利用过现代化多媒体手段进行教学。

(三) 领导者的局限

1. 部分教育局长、校长没有清楚地意识到自己的责任,需要更充分地认识自己在新课程实施中的作用。新课程能否走进学校、走入课堂,在很大程度上取决于领导特别是教育局长、校长对新课程的理解、认同以及对实施的积极引导。教育局长、校长应该支持新课程,研究解决新课程实施中的困难,为新课程提供帮助、咨询和服务,并能有意识地引导县区、学校作出适应新课程的调整与变革,形成一种学习、探究、交流的区域、学校文化氛围,促进新课程实施的顺利进行。实施新课程是一项艰巨而复杂的工程,仅靠教师是不能胜任的。没有教育局长、校长整合各方力量,也终究无法形成有利于促进新课程推进的积极参与、密切合作的文化氛围,也无法得到有利于课程改革的制度保障和条件保障。

2. 部分教育局长、校长仍然是"唯上"的思维定势,需要改变思维方式。他们要么忠实执行领导指示,经常强调"上面的指示执行起来不能走样",要么遵从行政部门对于教育局唯分数要求的评价,从而直接影响一个地方的教育生态。其实,新课程实施的"走样"是必然的。基础教育新课程在层层传递与接受、理解与表达、内化与外化的过程中,各层面要求和最终结果都会出现衰减、增益、变异。课程理想与课程现实之间的"走样"是绝对的,而"不走样"则是相对的。"走样"的性质和作用是不同的:它可能是课程实施过程的偏向、课程实施目标的偏离或丢失,但也可能是课程实施的调适、课程的创生和完善发展。如果不看要求、条件和结果,一味地强调"不走样",有可能倒是错误,会导致新课程计划、实施和推广中出现错误,导致新课程评价、指导和总结中出现错误。

3. 部分教育局长、校长工作落不到实处,需要改变工作方式。新课程的实施不是"坐而论道"就能解决问题的。新课程"教育局长、校长培训活动"可以组织教育局长、校长到学校特别是农村学校实地考察,进行教育发展的培训,也可以现场办公,解决学校的问题,例如实验室建设、薄弱学校改造、校园环境整治等等。各教育局长、校长、教师要共同学习,共同研究,随时发现问题,及时解决问题。

4. 部分教育局长、校长不管校本研修,必须重视校本研修。要把针对新课程实施的校本研修当作一件大事,持之以恒地进行,切实提高教师实施新课程的能力。要创造条件,充分发挥教师的培训研修主体作用,他们有自己的兴趣与需要,有丰富的经历,应该更多地运用讨论与研讨的方式,辅以讲座、报告、讲授、阅读文献等多种方式,尽量创造机会让教师参与探究的过程。教育局和学校不能仅仅满足于上级部门的培训,而应该针对教师的学科、年龄、教龄、学历层次等不同的个人条件和需要开展针对性强的培训。

5. 部分教育局长、校长忽视常规教学制度建设,必须重视教学管理制度的重建。更新教育思想观念,转变教学与学习方式,需要相应的教学管理制度为其保驾护航。就学校教育内部而言,观念更新、方式转变的最大阻力来自落后的教学管理和评价制度。用应试教育的模式来管理和评价教师,教师不可能生发出素质教育的思想观念和行为方式。课程资源的开发、校本研修的开展,也需要制度的促进和保障。教学管理制度的重建具有核心性的意义,将从根本上解决教育观念和行为问题。当然,教学管理制度的重建不可能是一蹴而就的,它本身需要在改革过程中不断完善,也可以说,它与观念更新、行为转变是互动的过程,二者相辅相成,互相推进。教育局长、校长应该有计划地、逐步建设教学管理的各项制度。

三、对义务教育新课程实施的若干政策建议

随着新课程改革的深入发展,还会陆续显露一些潜藏的深层次的矛盾和困难。从这些中西部县区的调研来看,必须在以下几方面注意改进,基础教育课程改革才有可能顺利实施。

(一)农村教育必须有所突破,逐步实现城乡义务教育均衡发展的目标,课程改革的实施才可能成功。

县域农村中小学大多已经全面通过国家"双基"验收,办学条件有了较大幅度的改善,但是与县城学校相比,在师资力量、教育教学质量方面都相差甚远,农村中小学教育薄弱的状况没有得到根本改变,大量普通中小学扩建成寄宿制学校后,形成了更多的教学、生活设施未能配套的新"薄弱学校",城乡教育差距有进一步拉大的趋势。

1. 建议市县教育主管部门采取果断措施,制定本区域农村中小学"合格学校"规划和明确城乡义务教育"合格学校"标准,重点放在农村学校"双基"验收后的"巩固提高"、"补足办学条件弱项"层面,同时要采取措施扭转县城学校办学设施配置"追求超大规模"的不良倾向,把城乡义务教育办学统一到"合格学校"的标准上来,力争在不太长的期限内以政府力量为主导逐步把农村中小学校建设成为与城市学校相当的"合格学校"。只有逐步实现这一目标,才能实现区域内城乡教育均衡、有序发展。

2. 建议教育主管部门对所属地的寄宿制学校逐一排查,逐个学校定计划、定时间、定投入,可以明确"先安全、后方便,先改善、后提高"的思路,积极筹措农村寄宿制学校建设资金,设立寄宿制学校专项改造资金,全面解决农村学校寄宿学生床位不足、露天就餐问题,建设规范的食堂餐厅,提供烧供开水设施、设备,对学校不规范厕所实施改造。

3. 建议重新科学谋划区域城乡学校布局。当前,农村学生大规模进城就读对区域城乡学校发展提出了挑战,也给城乡学校新形势下的校点布局、教育资源的重新配置等提出了要求、带来了机遇。教育主管部门应提前预测本区域生源变化状况,对本区域中小学校布局重新论证,适度收缩、调整现有农村中小学资源,适当扩展城市学校的规模数

量,重点谋划现有教育资源得到更有效整合和利用的方案,使区域内城乡学校配置有利于教育发展的新平衡。

4. 建议采取积极措施,遏制当前进城就读中小学生数量过快、过猛增长的态势,要尽力避免"放任"和"过度鼓励"局面出现。一方面,教育行政部门要对县城中小学教育资源的现状以及未来发展情况心中有数,可以在充分论证的基础上适当新建学校,以应对新情况,满足新需求。另一方面,要确实履行学籍管理责任,对进城就读学生的人数、取向等做到掌握动向、加强引导;要根据县城学校的实际情况,出台相关政策严格限定学校规模,明确县城中小学校招生规模上限,同时各学校也要出于对学生安全、健康发展的考虑,限制班级学生人数,限定在一定期限内达到标准班额。要多管齐下,解决县城中小学教育资源严重不足的现实问题,把"进城就读"对农村中小学发展的负面影响降到最低。

(二)统筹城乡教师资源,优化教师队伍。

"百年大计,教师为本",县一级教师队伍普遍较为敬业,但高压力、超负荷运转,收入普遍偏低也是不争的事实。长此以往,会使教师失去工作动力,产生倦怠心理,直接影响教育教学质量。在教师队伍建设上,建议:

1. 为农村中小学配齐合格教师。鉴于目前农村中小学教师缺编的情况,核定编制时应向农村学校适当倾斜,新增教师要优先满足农村学校的需求;要充分考虑农村区域广、生源分散、教学点多等特点,保证农村教师编制的基本需求;在学科教师配备方面,每个学科都要有专职教师;在编制数量方面,对农村学校编制的设定不能和城市学校一样仅靠师生比计算,还要考虑人口密度、学校规模以及课程数等因素,应以班级为基数计算和配备,以确保农村学校教学的正常开展。

2. 改善教师生活条件。应多渠道筹措资金切实改善教师生活条件,保证教师工资不低于公务员水平,且能有各项生活保障;对农村教师施行生活补贴的相关政策,使之和城区教师同工同酬,在可能的情况下甚至适当提高农村教师的津贴和补助标准,妥善解决好他们的就医、保险、养老等问题;更应建立教师年度体检制度,早日发现他们的健康隐患。

3. 建立合理的教师流动机制。应依据一定时期中小学教育的发展规模和农村中小学校的布局调整、确定农村教师队伍建设目标,以吸纳优秀师范院校毕业生到农村教师队伍中来,避免农村教师队伍出现新的断层;可借鉴部分地区已经实行的城乡教师"轮岗制",引导和鼓励具有相应教师资格的人员到农村任教;完善城区教师到农村学校支教的制度,每年选派一定数量的城镇骨干教师到农村支教,农村则派相应数量的教师到城区学校挂职学习,加强城乡教师的合作与交流。

(三)落实教学常规,以课程教学核心工作带动学校整体变革。

学校工作千头万绪,然而课堂教学是中小学最基本的教学活动,一切工作都应围绕提高课堂教学效果来做文章。课程改革涉及培养目标的变化、课程结构的改革、国家课程标准的制定、课程实施与教学改革、教材改革、课程资源的开发、评价体系的建立、师资培训以及保障支撑系统等,是一项由课程改革牵动整个基础教育的全面改革。从内在机理来看,学校实施国家素质教育方针与课程改革应该是有机统一的。在中小学,素质教育的主阵地应该在课程领域,在教育教学发生的"现场"。如果不考虑影响课程改革实施的多种因素,不抓课堂活动的组织、教学内容的融合和课程目标的整合以及课程评价,素质教育是很难见成效的。

教研人员、学校领导和教师要依据各学科课程标准,在教学设计、环境创设、教学组织、师生互动、资源利用、评价反馈等方面深入研究,要在学校教育的各环节渗透德育,把培养学生的创新精神、实践能力作为教学研究的重点;要加强不同学科教师的交流与合作,促进各学科教学活动的整合与协调,促进学生全面而健康地成长;要建立以质量为核心的工作评价体系。

各县域要制定帮助广大农村教师适应国家课程方案、提高学校教育质量的工作规划,要以农村乡镇中心校作为推进课程实施的基地,加强乡镇中心学校与周边村小的校际联合,实现教师资源、教学资源、网络资源的共享;要确保每所学校开齐课程、开足课时;要组织各级教研人员定期深入农村,建立定点联系指导农村中心学校的机制,通过区域教研、联片教研等方式,组织和指导农村中小学开展教学研究;要充分发挥"农村中小学现代远程教育工程"的作用,使每所农村学校都能享受到网络资源平台提供的在线培训、网络教研、专业咨询、优质资源共享等服务,提高农村教师的专业水平和实施新课程的能力。

(四)完善教研培训专业支持体系。

1. 教研中心下移,整合多方力量,健全专业支持体系。要推动建立以校为本的教研制度,旨在鼓励教师在课程改革的实践中发现问题、研究问题、解决问题,同时实现教师的专业成长,这是实现教师专业发展、提高学校实施新课程能力的基本制度。学校要为教师的交流互助、学习研究提供条件支持与制度保障,成为有利于教师终身学习的学习型组织;教研部门要实现教研工作重心的下移,切实转变教研方式,以学校为基地,与教师共同研究解决教学中出现的问题;应建立有利于以校为本教研制度的激励机制,总结经验、树立典型,促进以校为本教研制度的健康发展。

要加强教师专业支持的机制建设,积极调动与整合教研部门、培训部门以及部分突出学校等,同时加强与上级教研部门的联系,构建上下贯通、横向联合、职能互补、功能完备的教师专业支持体系,逐步形成本地基础教育课程的专业支持队伍与基地。

2. 建立合理、有效的师资培训网络,加强培训工作的实效性、针对性。除了采用校本教研等教师在岗研修的方式促进教师专业成长,还要注意建立合理、有效的师资培训网络:建立以县(市)教研室、教师进修学校为中心,乡镇中心小学为基点,完全小学为散点的师资培训网络;加强培训工作的实效性与针对性,首先应根据课程实施不同阶段的需要制定教师培训的规划,统筹、整合培训资源,保证培训经费的投入,其次要精心设计培训课程,组织好培训队伍,通过案例分析和问题研讨,在课程专家以及有丰富实践经验的优秀教师帮助下,促进教师准确理解课程理念,解决教师在实际教学中的疑难困惑,对培训的质量更要有监控。

要让中小学教师遇到问题时有咨询和交流的地方,需要建立支持性的专家系统。这种咨询和交流不仅有面对面的,还可以通过互联网的方式来进行。师范(教育)院校教师、各地教研员应该是中小学教师课程改革的伙伴和朋友,与他们共同研究,解决教学实践中的难题、困惑。另外,要为中小学教师创造一个宽松的环境,对教师的评价应符合新课程的要求,鼓励、引导教师根据自身的特点制订自己的专业发展计划。

(五)进一步加强教育管理工作,逐步达到规范、科学、高效,保证教育质量全面提高。

1. 建议有关部门重新定位农村地区义务教育发展思路。要改变"重城轻乡"、"重眼前轻长远"两种倾向,把农村地区义务教育发展的重心转移到办好每一所学校和关注每一个孩子健康成长上来。首先,有关部门必须从宏观上立足当前、着眼未来,坚持乡村教育和城镇教育统筹规划、共同发展。在新一轮城乡学校规划中,要考虑新农村建设和城市建设等因素,考虑人口和学生数量的变化趋势,考虑中部地区人民群众交通不便、生活水平不高等因素,科学制定学校布局规划。其次,要进一步明确农村地区义务教育必须以均衡发展为基本方向,以学校标准化、教师专业化、教育信息化为基础,以实施素质教育、提高教育教学质量为中心,全面提高农村义务教育的普及率、巩固率和按时毕业率,降低流失率,推动义务教育实现持续发展、质量提升。

2. 建议全面加强各级各类学校的教师队伍建设与管理,实现"数量充足、结构合理,专业素质优良"的队伍建设目标。要创新中小学教师补充机制,制定和完善吸引优秀人才从教的政策,建议教育主管部门建立年度教师招聘计划,出台招聘人才政策,吸收更多的人才进入教育系统,同时全面转换用人机制,实行教职工全员聘用制,加大对教师的管理和考核力度,建立教师德、能、勤、绩考核机制,促使教师自我约束,自我提高;要加强中小学编制管理,合理配置教师资源,以更有效的方式建立吸引优秀人才到农村任教的机制,大力推进城镇教师支援农村教师工作;要加大教师培训力度,建立全院教师培训制度,同时引进专家学者到县级区域传经送宝,定期派教师到发达地区学习;要切实加强和改进师德建设,增强教师的责任感和使命感;要依法切实保障中小学教师的待遇,努力改善教师尤其是农村教师的工作、学习和生活条件,解决教师的实际困难,维护教师合法权益。

3. 建议县教育主管部门进一步加强农村义务教育管理。要采取切实措施履行义务教育经费统筹的责任,将农村中小学所需经费全部纳入预算;要切实统筹城乡教师队伍的管理,实现教育机构管理与教育编制管理相结合,按照教育均衡发展的要求建立可行的校长、教师合理流动制度;让更多的城市"名师"真正到农村地区中小学轮流任教,切实提升农村中小学教学质量;要进一步加强各级教育研究、督导部门力量,提高统筹全县教育、教学以及科研的能力,加大对乡村中小学的督导、指导力度。

4. 建议采取积极现实的措施,加强城乡学校互动交流机制,尽快缩小城乡办学质量差距。教育行政部门要制定可行措施,解决"城市支援农村流于形式"的问题,同时在适当的条件下,以一定形式实现区域内城乡校长轮换交流制度,切实提升农村学校管理水平和能力;另外,要采取积极的引导措施,切实推行城乡学校捆绑办学模式,城市"名校"、"强校"与农村薄弱校"联合"办学,以强扶弱,共同发展,用农村中小学教育质量的提升留住农村孩子就近入学就读。

5. 建议进一步解放思想,创新县域教育内部的管理体制。在"以县为主"的管理体制下,农村地区可以尝试打破乡镇行政界线,实施学区制管理,形成县教育局、学区中心校和学校三级教育内部管理体制。可尝试以学区来设置中心校的做法,加大管理范围,拓宽管理跨度,节约人力资源,同时促进同一学区内不同乡镇学校的良性竞争;通过政府引导增加乡镇政府和村委会对教育的支持和投入。

中学语文教材编写研究

顾之川

一、研究的背景

（一）社会发展背景

21世纪是知识经济时代，科学技术迅猛发展，国际竞争日趋激烈，尤其是信息技术的广泛应用对教育提出了前所未有的挑战。面对这种新的挑战，当今世界各国都把改革和发展教育作为参与国际竞争的首要战略对策，把建立高质量的基础教育看成是在国际竞争中占据有利地位的保证。有人说："21世纪的竞争，是科技的竞争、人才的竞争、教育的竞争。"教育在综合国力的形成中处于基础地位，综合国力的强弱越来越取决于劳动者的素质，特别是创新能力的大小，取决于各类人才的质量和数量。我国确立了21世纪中叶基本实现现代化的总目标，要实施科教兴国战略和可持续发展战略，培养同现代化要求相适应的高素质劳动者和专门人才，就必须建设高质量的基础教育，才能适应时代和社会发展的需要。但是，面对国际国内的新形势，中国教育仍然存在着许多与时代发展不相适应的因素，特别是现行中国教育体制不利于培养具有较强创新精神和实践能力的一代新人。因此，教育部从2001年开始新一轮基础教育课程改革，相继出台了《基础教育课程改革指导纲要（试行）》、《全日制义务教育课程方案（实验稿）》、《普通高中课程方案（实验稿）》，颁布了《全日制义务教育语文课程标准（实验稿）》和《普通高中语文课程标准（实验稿）》。"中学语文教材编写研究"就是在这一时代背景下展开的。

（二）教育理论背景

20世纪90年代以来，建构主义理论、交际教学理论、探究教学理论和学业评价理论等西方的教育理论被引入中国,它们与本土色彩较强的主体性教育理论一起,形成了中国新一轮基础教育课程改革的理论基础。这些理论共同强调的一点,就是以学生发展为本,一切为了学生,把教学的主体由教师转向学生。如建构主义的理论核心是学习者对知识的自主建构,要求以有效的自主学习策略激发学习者的学习主动性和积极性;交际理论则主张学习是学习者之间交际、互动和合作的过程,等等。中学语文教材编写研究必然受上述教育理论的影响。

(三) 语文学科背景

20世纪90年代以前的中学语文教材显然不能适应新时代的要求。首先,从语文课程设置来看,由于种种原因,过去过于强调统一性而忽视多样性和选择性,不利于调动学生学习语文的积极性,不利于发展个性、形成特长、培养创新精神。从教材来看,脱离当代生活和学生的经验世界,线索多、头绪杂、知识体系、教师中心,不利于学生扎实、活泼、有序地学习语文,切实提高语文能力,增加语文积累。其次,这几年对外国母语课程教材的研究方兴未艾,外国母语课程教材普遍重视以学习者为中心,重视联系学生的生活实际,重视语言材料积累,重视言语实践,重视程序性知识和策略性知识的编排,重视语文课程教材与信息技术的整合,重视工具性目标和人文性目标的统一,重视语文考试评价方法的多元化、多角度,等等,这些都值得我们借鉴。再次,文学研究、语言学研究的新成果也为语文课程改革提供了理论基础。如语文教材不像过去那样,对文学作品的分析和解读过分强调"标准答案",而是接受美学理论强调文学作品解读中的多元性与模糊性,"一千个读者就有一千个哈姆雷特";鲁迅研究中鲁迅形象由革命家向思想家、文学家的转变,语文与信息技术的整合等等,都给中学语文教材编写研究提供了新的视角和思路。

二、研究的主要目标和内容

(一) 研究的主要目标

在先进的教育思想和语文学科教学理论的指导下,本课题紧密结合当前我国语文教育的实际,借鉴中国古代语文教育和现代百年语文课程教材建设的经验,以教育部颁布的《基础教育课程改革纲要(试行)》和《全日制义务教育语文课程标准(实验稿)》为依据,编写出体现时代要求的高中语文课程标准实验教科书及与之配套的系列化教材,同时在中学语文课程教材建设的若干理论研究方面取得突破。

(二) 研究的主要内容

为了达到以上目标,本课题主要围绕以下问题展开研究。

第一,进行调查研究,听取语言学、文学、语文教育学专家学者以及中学教师等社会各界人士对过去中学语文教材的意见,分析我国中学语文教学的现状,找出存在的主要问题,确定中学语文课程教材改革的主要方向。

第二,研究中外母语教材,总结其中共同的、符合时代要求的经验,确定新教材"守正出新"的编写原则,研究具体"守"哪些"正","出"哪些"新"。

第三,围绕简化头绪、加强综合和三个维度目标统一的要求,突出过程与方法,创建新的中学语文教材编排体系。

第四,针对高中语文教材"梳理探究"的编排理念、编排内容和编排方式,重点研究中学语文教材中如何加强探究性学习内容的编排。

第五,语文知识编排贯彻精要、好懂、有用的原则,破除过去知识中心特别是陈述性知识过多的缺陷,建立新的语文知识编排方式。

第六,妥善处理高中必修教材与选修教材的关系,重点研究选修课教材的设置与编排。

第七,中学语文教材选文研究。

第八,中学语文教材的单元设置、课文提示和练习设计研究。

第九,教材贯彻课程标准提出的引导学生"多读书,好读书,读好书,读整本的书",树立"大语文"教育观。

第十,教材面对大多数地区的教师和学生,扩大语文教科书的适用面,特别是关注"三农"(农业、农村、农民),避免中学语文课程教材的城市化倾向。

三、研究的过程

本课题研究过程分为征求意见、制订方案、编写送审、教材实验、研究总结和撰写报告六个阶段。

1. 征求意见。20世纪末，由于国内教育形势的发展变化和社会上对中学语文教育的讨论，促使我们思考中学语文课程教材改革的问题。当时正好是进行初高中语文教材新一轮大修订的时候，我们在修订的同时就在思考着下一步教材该如何改革的问题。我们召开了多次中学语文教材改革研讨会，邀请部分高校和科研单位专家学者、语文教育学科专家、教研员和一线教师参加座谈，还有目的地走访了一些专家，征求他们对中学语文课程教材改革的意见和建议。

2. 制订方案。在调查研究的基础上，草拟出《高中语文课程标准实验教材编写方案》，一方面听取社内其他编辑室同行对方案的修改意见，另一方面开会研讨，征求课程标准组成员、审查委员、社外编者、教研员和一线教师的意见，重点是征求对教材内容和编排方式改革的意见，最后确定了这套教材的编排体系，为编好这套教材准备了设计图纸。

3. 编写送审。这套高中课标教材的编写和送审共分三次完成，其中必修教材（共5册）于2004年送审通过，选修教材第一批（共8种）于2005年、第二批（共7种）于2006年送审通过。教育部中小学教材审查委员会对这套教材的编写指导思想、编写思路、选文、练习、梳理探究等多个方面的改革进行了肯定，认为这套教材符合课程标准的要求。

4. 教材实验。送审通过后的高中教材于2004年秋季在山东、广东、海南、宁夏四省区开始实验。到2010年秋季，全国除广西外，已全部进入高中新课程实验，人教版教材覆盖全国多数地区（详见附录1中的"人教版高中语文教材分布表"）。为了使广大教师更好地使用新教材，我们每年都对新进入实验的高中语文教师进行培训。据不完全统计，从2004年至2009年，接受培训的人员超过100000人次。同时，每年召开一次高中实验教材研讨会，及时总结试教经验和教训，并搜集实验区对高中语文实验教材的修改意见，为下一步修订作准备。此外，在实验期间,编印了两期《试教通讯》、一本《普通高中课程标准实验教材语文(人教版)教师培训手册》,制作了培训资料包,从而有效地提高了教师培训的质量。

5. 研究总结。一是到各地进行调研和回访,内容包括听课、评课和座谈,了解新教材在实验过程中所取得的成绩和存在的问题,征求对实验教材的修改意见和建议。二是设计针对高中教材的调查问卷,共回收学生问卷380份、教师问卷210份,问卷内容涉及课程、教材、教学三个方面,重点是教材方面,对回收的问卷进行了统计和分析,掌握了比较确切的数据,为教材修订做好了准备。另外,我们还在人教网上征求教师和学生对选文的意见。三是对中学语文教材编写理论进行梳理总结。

6. 撰写报告。2006—2010年,我们每年都要召开全国性的实验工作总结交流会,召集实验区的教研员和部分一线老师进行实验总结,提出改进工作的建议,并在有关刊物上及时刊出会议简讯,将部分会议论文刊于《试教通讯》。高中实验教材在全国比较有影响的几家语文报刊上作了专题介绍。现在,高中教材已覆盖全国大部分地区。

四、研究的成果

1. 教科书及配套产品。2003—2004年完成了普通高中语文实验教科书语文必修(共5册)和选修教材(共15种)的研究编写工作,并完成《教师教学用书》、《语文读本》、《同步解析与测评》、《稳操胜券——高中语文总复习》等配套教学辅助用书的编写工作。同时,还配备了相应的课文录音磁带、投影片、教学光盘等产品。此外,还与外单位合作编写出版了同步练习和教师教案。以上共计9个品种,纸介质教材和教学辅助用书37册,音像制品12盒。

2. 教材编写理论的梳理总结(详见附录1—9)。

3. 实验效果及评价。通过五年多的实验,这套教材取得了比较好的实验效果:与国内同类教材相比,质量最好,也最受广大师生欢迎,使用面最广,在所有通过教育部审查的6套高中课标教材中,这套教材的市场占有率最高,约占65%。有越来越多的实验区由当初使用其他版本改用人教版。大家普遍认为,这套教材继承了人教版教材一贯注重语文基础和文化内涵的优良传统,又有时代创新,简化头绪加强综合,设置综合性学习,激发了学生学习语文的兴趣。

五、研究获得的主要观点

(一)中学语文教材必须坚持"守正出新"的编写原则

这套语文教材在继承课程教材建设优良传统的基础上力求创新。

首先,是对语文教材优良传统的继承问题。我们认为,中学语文教学的基本任务是培养和提高学生正确理解和熟练运用祖国语言文字的能力。新的中学语文教材应该坚守以下之"正":一是坚持"文道统一",思想教育和语文教育并举,在进行语文训练的同时进行品德教育;二是弘扬传统文化,重视选编名家名篇,文化内涵和时代气息兼顾,思想内容和审美品位并重;三是阅读教材编写重积累感悟,重整体感知,重实际运用,强调熟读精思,强调吟咏背诵,强调博览群书;四是延续文选型教材的编写传统,有利于培养学生的语感,加强文化积累,多数教材按单元编排,便于组织教学;五是训练系列的构成遵循由易到难、由浅入深、由简到繁、由形象到抽象的原则,强调训练系统的科学性。

其次,根据时代要求,我们认为,新的中学语文教材应出以下之"新":一是倡导多元文化观念,语文教材编写应渗透富有时代特征的人类共同价值观;二是联系学生的经验世界和生活体验,使语文教材具有丰沛的生活气息和亲和力;三是考虑学生的兴趣爱好,教材选文更加符合学生身心特点;四是设计"梳理探究",旨在全面提高学生的语文素养。

解决好了继承与创新的关系,教材研究与实验的成功也就有了保证。

(二)中学语文教材编排方式的新探索

过去的中学语文教材在编排方式上,要么是以知识为线索、要么是以能力为线索安排相关内容,这套教材借鉴了多国母语教材的编写经验，以"过程与方法"作为教材编排的基本线索，来联系、整合"知识和能力""情感态度和价值观"的课程目标和相关内容。教材追求浸润式的学习"过程"，又重在"方法"上的引导，学习训练的落脚点在"能力"，从而改变了以往常见的那种偏重课堂灌输的方式，这就可能使学生学习时具有浓厚的兴趣和创造激情，在读写能力得到稳步提高的同时，情感态度和价值观也自然受到陶冶。应该说，这是一种新的尝试，也是现代中学语文教材建设的新发展，在我国中学语文教材建设史上具有探索意义。

（三）构建阅读鉴赏、表达交流、梳理探究、名著导读的教材体系

写作与口语交际教材的编排经历了漫长的探索实践过程。中国古代的语文教育没有专门的写作与口语交际教材，只有阅读教材，通过阅读带动写作；现代语文课程和语文教材诞生以后，人们开始了对语文教育科学化的探索，并进行了一些教材编写的尝试。20 世纪 50—80 年代，中学语文教材中基本没有写作与口语交际的内容。90 年代以来，教材编写普遍实行阅读、写作和口语交际分编，试图建立各自的教材体系。但事实证明，这样做不符合语文综合性的规律，不利于综合提高学生的语文能力，同时使学生找不到写作和口语交际的"米"。这次新课标中学语文课程教材改革在这方面进行了大胆的改革，并取得了一定的成效。

（四）注意开发课内外语文课程资源

开发和利用语文课程资源在这次语文课程改革中被提到了非常重要的位置，教材理应担当这一重任，突出表现在两个方面：一是阅读练习设计与以往相比大大增加了延伸拓展型练习，使课内外结合，把语文学习由课内向课外延伸。二是精心设计综合性学习和梳理探究专题。全套必修教材共设计 15 个梳理探究专题。这些专题几乎包括了课程标准提到的语文课程资源的各个方面，让师生真正树立起"生活中处处有语文"的观念。开发这些语文课程资源的目的就是为学生寻找实践的机会，教材中"实践"的观念无处不在。它告诉学生，唯有听说读写的语文实践才能提高学生的语文素养。

(五) 探索中学语文教材研究编写的"三结合"工作机制

过去,由于特殊的原因,中学语文教材编写基本上是以人民教育出版社中学语文编辑室的编辑为主,吸收少数一线教师或教研员参加,高校专家学者很少参与。这次高中语文教材的研究编写探索"三结合"工作机制:一是课程教材研究所中学语文课程教材研究开发中心的专业队伍,二是以北京大学中文系语文教育研究所为主的专家学者队伍,三是全国范围内的中学一线语文教师、教研员队伍。三方面充分发挥各自的优势和专长,团结协作,从而保证这套教材既有较高的文学、语言学研究和语文课程教材研究的学术视野,又充分尊重我国高中语文教学的实际,具有较强的可操作性。

六、尚待进一步研究的问题

(一) 继承与创新问题

中学语文课程教材建设必须建立在继承我国语文教育优良传统的基础之上,这次中学语文教材的研究编写,对于如何继承与创新的问题,总的来看,研究还不够深入,特别是有关语文教材建设中"守正出新"的编写原则,到底应该守哪些正、出哪些新,还需要进一步深入研究。比如,现代文和古诗文作品在不同的学段各自应占多大的比例,文言文在不同的学段到底应该学多少、学哪些,如何将现代信息技术手段引入语文教学,等等。虽然教材已经编写出版并投入使用,但对这些具体问题应该说还是比较模糊的;上面对这一问题虽然进行了总结,但并不是深思熟虑的结果,有待进一步研究,以便修订这套教材时更有针对性。

(二) 语文知识的教学问题

这次中学语文课程教材改革中的一大争议,就是语文知识的教学问题。其中主要有两个:一是中学语文要不要知识?二是如果需要,作为中学生,他们究竟需要什么样的知识?语文课程标准淡化了语文知识,强调结合课文学习相关语文知识。但经过课改十年的实施,广大一线教师普遍认为,现在的语文教材过于淡化语文知识,教材中编入的语文知识太少,使得许多学生连最基本的语文知识都没有掌握,致使学生的语文基础知识和基本能力一定程度上受到削弱。我们认为,对于规律的逻辑概括就是"知识"。语文教学不能没有"知识",要不要"知识"是语文教学处于"自发"状态还是"自觉"状态的分界点,也是目前各方争论的焦点。再进一步,我们需要的到底是什么样的"知识"?是走回老路还是开辟新的道路?这又是主张知识教学的老师们容易产生混乱与困惑的地方。有人提出应该从陈述性知识向程序性知识转化。当然,教材编入语文知识多并不意味着学生的语文基础就一定打得牢,但是决不能因为这次课程改革使学生的语文基础徘徊不前甚至有所下降。从目前情况来看,我们认为教材中编排的语文知识是适度的,但许多一线教师还认为太少,如何解决这一矛盾,需要进一步研究。

(三) 高中选修课程设置问题

开设选修课是这次高中新课程最大的亮点之一,也是高中语文教学最大的难点。根据教育部制订的《普通高中课程方案(实验稿)》、《普通高中语文课程标准(实验稿)》,高中课标教材分必修和选修。但必修部分只占 10 个学分,而且要求必须在 1.25 学年内完成;选修部分可占 8—14 个学分。这样一来,在编写时,既要落实课程标准规定的教学内容,又只能在五个模块的范围内做文章,只好把原来三学年的学习内容压缩到五个模块中,成了事实上的"压缩饼干",这就使必修课的容量大增。从这几年的实验结果来看,这种理想化的课程设计只有大城市中的少数重点高中勉强做得到,多数学校尤其是农村学校根本无法做到,出现课程设计与我国高中教学实际相脱节的现象。由于我国经济、社会、文化教育发展水平的严重不平衡,不同地区、不同类型的高中学校存在着严重的差异。在不同地区、不同类型的学校,各设置多少门选修课,需要进一步深入研究。

(四) 高中语文新课程与高考的关系问题

高中语文新课程在实验过程中遇到了一些问题,其中反映最突出的,就是与高考的对接问题。这也是高中新课程与初中新课程最大的区别。高考对高中教学"指挥棒"的效应并没有随着新课程的实施而减弱。老师们在教学中习惯于按照过去的教学思路进行教学。即高考考什么,我就教什么;不考的坚决不教;高考要考的内容,一定要加大训练力度,这就势必出现加内容、加课时、加难度的"三加现象"。由于受"应试教育"的影响,这套教材中的"梳理探究""口语交际""扩展阅读""名著导读"等内容,在有些学校基本上形同虚设。

本来,为了适应高中新课程必修加选修的实际,教育部考试中心在制订语文学科《考试大纲》时,专门规定了"必考内容"和"选考内容",试图实现新课程教与考的顺利对接。但是,从2011年实行新课程高考的18个省(直辖市、自治区)的实际情况来看,选考内容只有教育部考试中心命制的"全国新课标卷"(海南、宁夏、陕西、吉林、黑龙江、河南、山西、新疆使用)和辽宁卷25分,山东卷18分,广东卷、福建卷15分,湖南卷9分,江苏卷由18分(2008年)减至15分(2009),直至取消选考内容(2010),其余分省自主命制的新课标高考卷根本不设选考内容。这种教与考的脱节,对高中语文选修课教学会带来怎样的导向,尚需进一步观察研究。

附录一 编写意图与教材结构

为了贯彻教育部《基础教育课程改革指导纲要(试行)》和《普通高中课程方案(实验)》的基本精神,落实《普通高中语文课程标准(实验)》提出的课程理念,推进我国普通高中语文课程改革,课程教材研究所中学语文课程教材研究开发中心与北京大学语文教育研究所合作,研究编写一套《普通高中课程标准实验教科书·语文》系列教材,由人民教育出版社出版。其中必修课教科书5册、选修课教科书15册,经全国中小学教材审定委员会分别于2004年、2005年、2006年初审通过。

一、编写意图与主要特点

这套教科书以教育科学理论为指导,努力贯彻国家课程改革的精神,落实高中语文课程标准提出的课程理念,力图遵循语文教育的规律,正确处理五个方面的关系:掌握基本知识和基本技能与培养创新精神和实践能力的关系,学科逻辑与社会进步、科技发展和学生经验的关系,接受性学习与自主、合作、探究学习的关系,学科的独立性与关联性的关系,农村地区与城市地区的关系。目的是使这套教材更加适应时代的发展,更加符合我国高中语文教育教学实际,更加适合学生发展的需要。

与以往的高中语文教科书比较,这套教科书主要有以下特点:

(一)坚持"守正出新",适应时代特点和中学语文教学的实际需要。

这套教科书并没有一味追求内容和样式的"新"、"奇"、"特",而是坚持了"守正出新"的编写理念。所谓"守正",就是遵循我国中学语文教育的基本规律,继承我国高中语文教科书编制的优良传统和成功经验,适当考虑高中语文课程教材改革的循序度和适用性。因此,在编写工作中,我们并没有全盘推翻以往的教材体例,也没有轻易改变基本的教学内容,力求使这套教科书在一定程度上保持了教材的大体稳定以及与前一套高中语文教科书的自然衔接和平稳过渡,避免大起大落,方便一线教师的教学。所谓"出新",主要表现在三个方面:一是从整体面貌看,力求贯彻这次国家基础教育课程改革的指导思想和基本精神,突出现代教育科学的理论方法,体现鲜明的时代特征和丰富的文化内涵。二是从教学的角度看,注意语文学科工具性与人文性紧密结合的特点,在内容体例和呈现方式上力求做到不拘一格、新颖活泼,并留有充分的选择空间和开发余地,以满足不同学校使用的实际需要。三是从学生角度看,努力适应当今高中学生身心发展的特点,具有鲜明的时代性、扎实的基础性和灵活的选择性,有利于学生自主学习、合作学习和探究学习。

(二)构建"立体系统",体现内容的综合性和体例的模块化。

这套教科书具有"综合性"和"模块化"的结构，也就是注意了内容的综合性和体例的模块化。所谓"综合性"表现在三个方面：一是教学目标的综合。教科书中包含"知识和能力"、"过程和方法"、"情感态度和价值观"三个维度的综合。二是课程内容的综合。教科书中包括语文学科本身各种要素的综合，语文学科与跨学科内容的综合，课内学习和课外学习内容的综合，以及课堂教学和实践活动的综合等。三是过程和方法的综合。教科书力求让学生体验多种学习过程，运用多种学习方法，并根据自己的特点，扬长避短、各显神通，逐步形成富有个性的语文学习方式。所谓"模块化"，是指教科书内容的呈现方式不拘泥于通常采用的"文体系列"或"表达形式"的纯文学性概念角度，也避免陷入现时流行的"生活主题"或"人文专题"等泛语文化的编排倾向，而是注意遵循语文学习的规律，用语文几方面基本要素构建模块化的教学系统。一方面是"化整为零"，把整个教学内容分解成不同模块。如每册中均包含"阅读鉴赏""表达交流""梳理探究""名著导读"四部分。同时每一部分又分成若干个子系统，如"阅读鉴赏"安排了不同类型的文选，又分精读课文和略读课文；"表达交流"分成不同专题，再包括相关内容单元，从而适应教学安排的需要。另一方面又"聚零为整"，在教学以及学生学习中，各个不同模块可以灵活组合。例如在"阅读鉴赏"部分学习"情节与语言（小说二）"时，就可以结合学习"表达交流"中的"语言表达（深刻、丰富、有文采、新颖）"专题，同时结合学习"梳理探究"中的"文学作品的个性化解读"、"走近文学大师"等内容，让学生举三反一，从而收到学习训练的体验与认识反复归拢、提升的效果。

（三）突出"过程和方法"，以浸润式学习的设计整合各个方向的教学目标。

这套教科书把"过程和方法"放在突出地位，并在多种教学目标实施的设计中细腻地体现浸润式学习的思路。教科书的教学目标包括了"知识和能力"、"过程与方法"、"情感态度和价值观"三个方向，但其中"过程和方法"是一条基本线索，用以联系、整合"知识和能力"、"情感态度和价值观"的课程目标和相关内容。

"过程和方法"的教学目标包括：鉴赏的过程和方法，领悟的过程和方法，应用的过程和方法，启发和调动学生的学习兴趣与主动性，通过这几个方面的反复训练，使学生掌握基本的学习方法，全面提高他们的鉴赏力、领悟力，以及应用、梳理和探究的能力，同时使其在情感态度价值观方面受到陶冶。例如，"阅读鉴赏"包括三部分内容："品味与赏析"、"思考与领悟"、"沟通与应用"，设计时充分考虑如何引发学生的学习兴趣，以及对学习方法的了解、模仿与反复训练。其中包括：赏析的过程和方法，如"情感与意象"、"情趣与理趣"、"含英咀华"、"感受与共鸣"、"披文入情"等；领悟的过程和方法，如"提要钩玄"、"质疑解难"、"融会贯通"等；应用的过程和方法，如"博观约取"、"知人论世"、"概括与归纳"等。再如"梳理探究"同样注重过程和方法。其中包括：梳理的过程和方法，如"怎样梳理成语"、"怎样梳理古代文化常识"等；探究的过程和方法，如"怎样探究新词新语与流行文化"、"怎样探究影视文化"等。由于教材追求浸润式的学习"过程"，又重在"方法"上的引导，学习训练的落脚点在"能力"，从而改变了以往常见的那种偏重课堂灌输的方式，这就可能使学生学习时具有浓厚的兴趣和创造激情，在读写能力得到稳步提高的同时，情感态度和价值观也自然受到陶冶。

二、教材结构与主要内容

根据《普通高中语文课程标准（实验）》的要求，这套高中语文教科书分必修和选修两部分。其中必修部分依照《普通高中语文课程标准（实验）》规定的五个模块编为五册，每个模块一册，每一册均包含"阅读鉴赏"、"表达交流"、"梳理探究"、"名著导读"四个板块。

（一）阅读鉴赏

"阅读鉴赏"包括"精读课文"和"略读课文（用＊号标出）"，同时还有"语文读本"和"名著导读"，形成从课内到课外、校内到校外、单篇文章到整本书回环结合的阅读系列。为避免课内学习分量过重，"语文读本"单独成册，供学生在课外选读，使学生得法于课内，获益于课外。

每册的"阅读鉴赏"部分都安排了四个单元。其中两个单元侧重于"品味与赏析",另外两个单元分别侧重于"思考与领悟"、"沟通与运用"。每个单元都有四篇精读和略读课文,教学中可以灵活处理,部分作课堂教学文选,其余的指导学生课外阅读(见表1)。

表1 "阅读鉴赏"内容安排表

单元		必修1	必修2	必修3	必修4	必修5
一	品味与赏析	情感与意象(现代诗歌)	情趣与理趣(现代抒情散文)	人物与环境(小说一)	性格与冲突(中外戏剧)	情节与语言(小说二)
二		提要钩玄(古代叙事散文)	含英咀华(唐前诗歌)	感受与共鸣(唐宋诗)	情思与意境(词曲)	披文入情(古代抒情散文)
三	思考与领悟	品人与品文(现代记叙散文)	写景与抒情(古代写景散文)	质疑解难(古代议论散文)	理清思路(杂文、随笔)	融会贯通(文艺学论文)
四	沟通与运用	博观约取(新闻、报告文学)	对话与交流(演讲)	启迪与想象(科普作品)	知人论世(古代传记)	概括与归纳(自然科学论文)

(二) 表达交流

"表达交流"部分包括"写作"与"口语交际"两个板块。

教科书中关于"写作"的教学内容实际上有三个子系统:第一个系统是集中独立的写作专题,每册共安排了4个专题,5册共20个专题;第二个系统与阅读整合在一起,在每篇课文后的"研讨与练习"中安排相应的写作练习,写一些读书笔记,强调读写结合;第三个系统与"梳理探究"整合在一起,安排一些带有综合性、研究性的写作练习。这样的安排有利于引导学生进行初步的研究思考,同时引起学生更为浓厚的写作兴趣。"写作"专题的安排,见表2。

表 2　"写作"专题安排表

册次	单元	专题	
必修 1	一	心音共鸣	写触动心灵的人和事
	二	园丁赞歌	学习选取记叙的角度
	三	人性光辉	写人要凸显个性
	四	黄河九曲	写事要有点波澜
必修 2	一	亲近自然	写景要抓住特征
	二	直面挫折	学习描写
	三	美的发现	学习抒情
	四	想象世界	学习虚构
必修 3	一	多思善想	学习选取立论的角度
	二	学会宽容	学习选择和使用论据
	三	善待生命	学习论证
	四	爱的奉献	学习议论中的记叙
必修 4	一	解读时间	学习横向展开议论
	二	发现幸福	学习纵向展开议论
	三	确立自信	学习反驳
	四	善于思辨	学习辩证分析
必修 5	一	缘事析理	学习写得深刻
	二	讴歌亲情	学习写得充实
	三	锤炼思想	学习写得有文采
	四	注重创新	学习写得新颖

教科书中关于"口语交际"也包括三个子系统：一是结合"阅读鉴赏"部分的课文学习，安排相关的口语交际练习，如朗读、背诵、复述、讨论等；二是在"梳理探究"的专题实践活动中设计相应的口语交际练习；三是每册设计四个专门的口语交际单元，分别是朗诵、演讲、讨论、辩论和访谈。活动的设计强调具体情景的设置，少讲理论知识，多给学生以实际锻炼的机会(见表3)。

表3 "口语交际"专题安排表

必修1	必修2	必修3	必修4	必修5
朗诵	演讲	讨论	辩论	访谈

(三)梳理探究

教科书中"梳理探究"部分实际上是一些语文专题活动。这些活动有的侧重于对学生以前在语言、文学、文化等方面学过的内容进行梳理,便于在长期积累基础上的巩固和整合;有的属于专题研究,重在引导学生自主思考、合作探究一些问题,培养创新精神和实践能力。这些专题活动要求学生在教师指导下进行,不同地区、不同学校可以有选择地开展(见表4)。

表4 "梳理探究"专题安排表

必修1	必修2	必修3	必修4	必修5
优美的汉字	成语:中华文化的缩微景观	交际中的语言运用	逻辑和语文学习	文言词语和句式
奇妙的对联	修辞无处不在	文学作品的个性化解读	走近文学大师	古代文化常识
新词新语与流行文化	姓氏源流与文化寻根	语文学习的自我评价	影视文化	有趣的语言翻译

(四)名著导读

为了落实课程标准中的"关于课外阅读的建议",这套教科书还安排了"名著导读"栏目。每册教科书介绍两部名著,以中外文学名家名著为主,其中部分与学过的课文内容衔接。"名著导读"分为"背景介绍"、"作品分析"和"思考与探究"三部分,主要也是激发学生的兴趣,引导学生在课外阅读,养成阅读经典和优秀作品的习惯。必修教科书中"名著导读"的具体安排见表5。

表5 "名著导读"专题安排表

必修1	必修2	必修3	必修4	必修5
《论语》	《家》	《红楼梦》	莎士比亚戏剧	《三国演义》
《大卫·科波菲尔》	《巴黎圣母院》	《高老头》	《谈美》	《堂吉诃德》

三、教学资源与选用情况

为了配合这次高中课程改革,满足实验区师资培训和一线教学的实际需要,人民教育出版社、课程教材研究所陆续研究开发了以下配套的教学资源:

1. 《教师教学用书》(含教学光盘);

2. 语文读本(与必修课教科书配套使用),包括《你的微笑》(必修1)、《一朵午荷》(必修2)、《生命进行曲》(必修3)、《人生的智慧》(必修4)、《珍贵的尘土》(必修5)共5种;

3. 语文读本(与选修课教科书配套使用),包括《中国古代诗歌散文欣赏——语文读本》、《中国现代诗歌散文欣赏——语文读本》、《外国诗歌散文欣赏——语文读本》、《中国小说欣赏——语文读本》、《外国小说欣赏——语文读本》、《新闻阅读与实践——语文读本》、《中外传记作品选读——语文读本》、《语言文字应用——语文读本》、《演讲与辩论——语文读本》、《文章写作与修改——语文读本》、《先秦诸子论著选读——语文读本》、《中国文化经典论著研读——语文读本》、《中国民俗文化——语文读本》共15种;

4. 培训资料包;

5. 教师培训手册;

6. 同步解析与测评;

7. 新课标高考总复习语文;

8. 互联网资源:通过人教网(http://www.pep.com.cn/xb_sxzz),提供丰富的中学语文课程与教学资源,开设论坛交流互动。

这套高中语文教材自2004年以来,使用范围逐步扩大,受到实验区师生的普遍欢迎(详见表6)。

表6 人教版高中语文教材分布表

2004	2006	2007	2008	2009	2010
山东25%	安徽100%	黑龙江100%	江西100%	云南100%	四川100%
广东20%	天津100%	吉林100%	新疆100%	湖北100%	重庆95%
海南88%	福建90%	湖南100%	河南90%	河北100%	甘肃100%
宁夏60%	辽宁85%	陕西100%	山西60%	内蒙古95%	青海100%
	浙江(4种选修)	北京50%			西藏100%

在这套教材使用的过程中,我们每年都会派专人到实验区进行调研,听取老师和学生对教材的意见和建议,每次都会发现这套教材存在一些疏漏和若干不完善之处。对搜集到的意见和建议,我们都要会同有关人员进行研究,及时将老师们的意见和建议吸收到教材中,使之不断完善。

附录二 选修课程的设计意图

人教版高中语文选修课教科书按照课程标准的要求,共有5个系列总计15册。经全国中小学教材审定委员会审查通过,分两批出版,第一批(8册)于2005年出版,第二批(7册)于2006年出版。

一、指导思想

这套选修课教科书以马克思主义教育科学理论为指导,努力贯彻《普通高中课程方案》的精神,遵循我国高中语文教育的规律,落实"课程标准"的要求,尽可能地贴近我国高中语文教学实际,贴近学生,全面提高学生的语文素养。15种选修课既有总体规划,又从不同侧面"盘活"语文教学资源,以课堂学习作为学生学习语文的主渠道,同时又注意引导学生走出课堂,走进生活,沟通课本内外、课堂内外、学校内外的联系,为学生提供更加广阔的语文学习空间。多数选修课教科书都与必修课教科书有着密切的联系,但又明显跳出了必修的范围,增加阅读量,拓展学习视野,使学生受到中外优秀文化的熏陶,发展个性,塑造人格,养成良好的阅读习惯。需要说明的是,由于各门选修课涉及的学科领域不同,具体的教学目标不求一律,各自的教学模式与教科书框架也不尽相同。我们有意保留这种差异性与多样性,以便让师生有更大的选择空间。

二、编写意图

这套选修课教科书力求从学生如何学习语文的角度进行设计,实现共同基础与多样选择的统一。每一门选修课既考虑高中学生学习语文的共同目标,又突出本专题的特色和个性特征。

(一) 着眼于全面提高学生的语文素养

我们认为,选修课教科书应在必修课程的基础上,进一步全面提高学生的语文素养,体现普通高中语文课程的基础性目标。根据高中语文课程的特点,选修课程的设计有的侧重于实际应用,有的着眼于鉴赏陶冶,有的旨在引导探索研究,从而从不同侧面培养学生的语文应用能力、审美能力和探究能力。

阅读鉴赏能力是语文素养中最重要的组成部分,也是高中学生有待提高的一种语文能力。在这套选修课教科书中,多数选修课程仍以阅读鉴赏为主,以培养学生的阅读鉴赏能力。如《中国古代诗歌散文欣赏》、《中国现代诗歌散文欣赏》、《外国诗歌散文欣赏》、《中国小说欣赏》、《外国小说欣赏》、《中外传记作品选读》、《先秦诸子选读》等。

写作能力和口语交际能力既是重要的语文能力,也是高中语文教学应着力培养的语文能力。为此,这套选修课教科书特别重视培养学生的表达交流能力。比如,《文章写作与修改》、《演讲与辩论》,在必修课的基础上进一步拓宽、提高,为学生开展有针对性的写作与口语交际实践提供了更加广阔的活动空间。《语言文字应用》重在对学生以往的语言文字知识进行梳理,用活动的形式讲述汉语、语音、汉字、词汇、语法、修辞等基本知识和应用规律,进一步提高中学生的语言文字应用能力。在其他选修课中,也特别强调培养学生写作和口语交际的能力。如诗歌与散文系列,让学生尝试诗歌、散文的写作;小说与戏剧系列,让学生尝试小说、剧本的写作,等等。

需要特别指出的是,《中国古代诗歌散文欣赏》、《先秦诸子选读》、《中国文化经典研读》等有关古代的选修课程,除本门课程的特殊目标外,还有培养阅读浅易文言文的要求,包括理解文言词语、文言句式以及培养文言语感、背诵一定数量的古代优秀诗文等。这对提高学生的文化素养,落实高中语文课程的教学目标,都是十分重要且必要的。

(二) 着眼于加强素质教育

根据"课程标准"中"工具性与人文性相统一"的要求,这套选修教科书注重发挥语文学科在素质教育中的独特优势,特别设计了一些从语文学科适当向外延伸、具有跨学科性质的选修课。这些选修课,从表面上看,似乎与语文教学目标有些疏离,实际上是以更开阔的视野学习语文,也有利于发挥语文学科在育人上的优势,使学生在学习语文的过程中,丰富中国传统文化底蕴,树立多元文化视野,蓄志养气、陶冶心灵、崇美扬善、怡情悦性,提升当代高中生的人文素质,为他们的终身学习和有个性的发展奠定坚实基础。

有些课程有助于中国传统文化底蕴的积淀,有利于引导学生热爱中华民族的优秀传统文化,弘扬和培育民族精神,如《中国古代诗歌散文欣赏》、《中国小说欣赏》、《中外戏剧名作欣赏》、《先秦诸子选读》、《中国文化经典研读》等;有些课程有助于树立多元文化视野,如《外国诗歌散文欣赏》、《外国小说欣赏》,以及《中外戏剧名作欣赏》、《影视名作欣赏》等选修课中的外国部分内容;有些应用拓展类课程则有助于加强素质教育,如《影视名作欣赏》、《新闻阅读与实践》、《中国民俗文化》等。这些课程的内容仍以语文学习为主,同时又适当向相关学科延伸、拓展,不仅增加了语文课程的文化内涵,同时也体现了语文与社会现实生活的紧密联系。

(三) 着眼于提供多样化的选择空间

根据共同基础与多样选择相统一的原则,尊重学生在原有基础、自我发展方向和学习需求等方面的差异,激发学生学习语文的兴趣和潜能,这套选修课程为学生提供了多样化的选择空间,使不同的学生学习不同的语文成为可能。比如,打算继续深造的学生,可以选学《中国古代诗歌散文欣赏》、《中国现代诗歌散文欣赏》、《中国小说欣赏》、《语言文字应用》、《先秦诸子选读》等课程；希望更快提高写作水平的学生，可以选学《文章写作与修改》、《新闻阅读与实践》等课程；对艺术感兴趣的学生，可以选学《中外戏剧名作欣赏》、《中外传记作品选读》、《影视名作欣赏》、《演讲与辩论》、《文章写作与修改》等；希望增强中国传统文化素养的学生，可以选学《中国古代诗歌散文欣赏》、《中国小说欣赏》、《先秦诸子选读》、《中国文化经典研读》、《中国民俗文化》等；喜欢外国文化的学生，可以选学《外国诗歌散文欣赏》、《外国小说欣赏》，以及《中外戏剧名作欣赏》、《中外传记作品选读》中的外国作品。这样设计，就为每一个学生的自主选择创设了更好的学习条件和更广阔的发展空间，有利于促进学生特长和个性的形成。

（四）着眼于养成自主学习的习惯

本套选修课程既区别于讲义式的大学教科书，又不同于坊间知识训练型的课外读物，而是建立了学生学习系统的"学本"。它着眼于学生的自主学习，引导学生积极参与语文实践活动，逐步形成自己的语文学习方式。

在具体编写中突出以下几点：

一是导向性。考虑到目前多数中学语文教师的实际水平和学生的接受程度，选修课教科书的设计既不同于必修课教科书，也不同于学生课外阅读的语文读本，而是着眼于给教师和学生留有发挥和思考的空间。选文力求在文质兼美的基础上，确保思想内容健康、语言文字规范、适合教学，同时具有比较丰富的人文内涵和时代气息。

二是自主性。教科书的编写重在提出问题，揭示现象，设置具体情景，避免"告诉式"，引导学生自己去观察、思考、整理、体验、探究，并尝试自己寻找解决问题的答案。知识介绍精要、易懂、有用，多举案例；练习活动丰富多样，贴近学生实际，具有可操作性。同时，还有一些延伸性、拓展性、探究性的思考与练习题目，有利于激发学生的创新意识和创新思维。

三是实用性。教科书的编写既考虑到提高学生的整体语文素养，同时又有助于激发学生学习语文的兴趣，呈现方式生动活泼。同时，为了使本套教科书具有更广泛的适用性,编写中充分尊重我国当前基础教育的实际,关注城乡学生的不同需求,尤其是中西部地区农村学生的实际需要。

三、课程设置意图与结构

这套选修课教科书(见表7)是《普通高中课程标准实验教科书 语文》的重要组成部分,也是必修课教科书的自然延伸和提高。课程设计力求适应我国当代高中生的接受能力和不同兴趣,适合多数高中学校语文教学的实际需要;不同类型课程的内容框架以及教学设计各具特色,也为不同学校的师生提供了更大的选择空间。按照《普通高中课程方案》规定的课时,每门选修课教科书的内容均按2学分、36学时安排。

表7　高中语文选修课程设置表

选修系列	课程名称
诗歌与散文	★中国古代诗歌散文欣赏
	★中国现代诗歌散文欣赏
	外国诗歌散文欣赏
小说与戏剧	★中国小说欣赏
	外国小说欣赏
	中外戏剧名作欣赏
	影视名作欣赏
新闻与传记	新闻阅读与实践
	中外传记作品选读
语言文字应用	★语言文字应用
	演讲与辩论
	★文章写作与修改
文化论著研读	★先秦诸子选读
	中国文化经典研读
	中国民俗文化

(带★的为重点推荐选修课程)

尽管在此之前,我国有部分中学曾尝试开设选修课,但对大多数学校而言,开设选修课毕竟还是一个新鲜事物。对于多数老师来说,开设选修课更是一个严峻的挑战。老师们在选修课的教学中难免会遇到一些实际困难与问题，特别是一些农村或者边远地区的学校更是如此。考虑到这些实际情况，我们为每一门选修课程编写了配套的教师教学用书、语文读本、同步解析与测评等教学辅助用书，努力为师生提供一些相关背景知识、参考资料、学生课外读物以及测评练习等。有些品种还将研制配套的录音带、录像带等音像制品。

（一）诗歌与散文

1.《中国古代诗歌散文欣赏》

本课程着眼于增加学生对中国古代诗歌散文的阅读量，引发对中国古代文学的感性认识，进一步培养文言语感，提高对中国古代诗歌散文作品的审美鉴赏能力。选文考虑中学生的特点和现实生活的需要，突出艺术性、思想性，兼顾趣味性，尽可能配合必修课教材中已有的古诗文作品和文学史常识。

这本教科书共六个单元，分别是：以意逆志、知人论世；置身诗境、缘景明情；因声求气、吟咏诗韵；创造形象、诗文有别；散而不乱、气脉中贯；文无定格、贵在鲜活。每个单元包括"赏析指导"、"赏析示例"、"自主赏析"、"推荐作品"四部分。另有两篇知识短文《中国古代诗歌发展概述》、《中国古代散文发展概述》，对中国古代诗歌、散文的相关知识进行梳理，分别附在第三单元和第六单元后面，以求学生对中国古代诗歌、散文有一个理性认识和基本了解。

2.《中国现代诗歌散文欣赏》

本课程力求使学生了解中国现代诗歌散文的总体面貌、表现方式、文体知识和文学史知识，陶冶审美情趣，培养阅读鉴赏文学作品的能力，提高写作能力。在引导阅读时，着眼于启发学生学会发掘、理解和品味作品的文体特点和审美特征，在接受人文熏陶和审美感受的同时，培养对中国现代诗歌散文的灵敏语感。

这本教科书共十个单元，现代诗歌和现代散文各五个单元。诗歌部分五个单元分别是："生命的律动"、"挚情的呼唤"、"爱的心语"、"大地的歌吟"、"苦难的琴音"；散文部分五个单元分别是："那一串记忆的珍珠"、"心灵的独白"、"一粒沙里见世界"、"如真似幻的梦境"、

"自然的年轮"。每个单元共有三篇选文,包括一篇精读课文、两篇略读课文,课文后一般有"作者简介"和"导读"。每课后设"思考与探究",每单元后有一篇有关诗歌、散文欣赏要点的短文,重在给学生鉴赏方法的指点。

3.《外国诗歌散文欣赏》

本课程所选外国诗歌散文作品突出经典性与可读性,培养鉴赏外国诗歌散文作品的兴趣和能力,丰富情感世界,探索作品的丰富意蕴,培养审美情趣,提高审美能力,帮助学生在学习语文的同时,逐步树立多元文化的观念。

这本教科书共八个单元,外国诗歌和外国散文各四个单元。诗歌部分四个单元分别是:"诗歌是跳舞,散文是走路"、"自然而然的情感流露"、"像闻玫瑰花一样直接闻到思想"、"寻找文字的炼金术";散文部分四个单元分别是:"让故事本身说话"、"准确把握人物精神"、"与自然为友"、"让生命沉思"。每个单元包括导言、选文、思考与探究等。选文分讲读和自主阅读,诗歌部分讲读和自主阅读各三首,散文部分讲读和自主阅读各两篇。

(二)小说与戏剧

1.《中国小说欣赏》

本课程旨在培养学生广泛阅读中国古今小说的兴趣,了解中国小说发展的大致脉络,初步分辨不同时代、流派和风格的中国小说特征,养成鉴赏中国小说人物形象、语言及表达技巧的能力,同时借助于细致的阅读,汲取艺术及思想养分,深化对历史、社会、人生的认识,获得某种写作技巧。

这本教科书共九个单元,按照小说创作的时间顺序,同时兼顾小说体式编排。每个单元两部作品,分别是:历史与英雄(《三国演义》、《水浒传》)、谈神说鬼寄幽怀(《西游记》、《聊斋志异》)、人情与世态("三言"《红楼梦》)、从士林到官场(《儒林外史》、《官场现形记》)、家族的记忆(《家》、《白鹿原》)、女性的声音(《呼兰河传》、《长恨歌》)、情系乡土(《小二黑结婚》、《平凡的世界》)、人在都市(《子夜》、《骆驼祥子》)、烽火岁月(《红旗谱》、《红高粱》)。每个单元包括单元说明、作品简介、课文、作品赏析、思考和链接等内容。

2.《外国小说欣赏》

本课程着眼于欣赏外国小说的一般方法,初步感知小说这一文体的基本特征,适当勾勒外国小说史的大致轮廓,简要介绍外国小说的创作方法以及诸种流派,引导学生广泛欣赏外国小说,树立多元文化观念,同时初步感知小说艺术,提高文学鉴赏能力,培养高格调的审美情趣,提升人生境界。

这本教科书的编排,按照小说的基本元素分为八个单元,分别为"叙述"、"场景"、"主题"、"人物"、"情节"、"结构"、"情感"、"虚构"。每个单元包括"阅读"、"话题"、"思考与实践"三部分内容。"阅读"部分每单元有两篇课文,均为外国小说中的经典作品,同时又考虑学生的认知与鉴赏能力,尤其注重文本在写作上可供学生借鉴之处。

3.《中外戏剧名作欣赏》

本课程旨在通过对中外戏剧名作片断的诵读、讨论和欣赏,了解戏剧文学的基本常识,学习从中外戏剧经典名作中汲取思想、感情和艺术营养,深化对历史、社会和人生的认识,提高审美修养,激发艺术欣赏与创造能力。

这本教科书采取"一条红线串若干珍珠"的结构,由概论和九个单元的经典剧本片断构成,分别是:索福克勒斯与《俄狄浦斯王》、莎士比亚与《罗密欧与朱丽叶》、汤显祖与《牡丹亭》、莫里哀与《伪君子》、易卜生与《玩偶之家》、契诃夫与《三姐妹》、曹禺与《北京人》、老舍与《茶馆》、贝克特与《等待戈多》。教科书以经典戏剧作品片断的诵读为主,适当介绍有关戏剧常识;教学设计注意历史与现实相结合、讲解与诵读表演相结合、课堂教学与观摩演出相结合、学习经典与创作练习相结合。

4.《影视名作欣赏》

本课程旨在通过欣赏九部有代表性的中外影视名作,着力挖掘其中的语文学习资源,设计听说读写训练和综合性语文实践活动,引导学生从语言文学的角度欣赏影视名作,激起对影视艺术的兴趣,培养欣赏能力,提高综合素养。

这本教科书共九课,分别是:《城南旧事》:别样离愁,纯美格调;《魂断蓝桥》:爱情地久天长;《阿甘正传》:英雄源自凡人;《淘金记》:含着眼泪的笑;《卧虎藏龙》:侠与人,心与剑;《音乐之声》:乘着歌声飞翔;《海底总动员》:父子亲情的颂歌;《三国演义》:历史是由人书写的;《故宫》:中华文化的盛宴。每课有作品介绍、精彩片段、欣赏探究、课外实践、资料链接等。

(三)新闻与传记

1.《新闻阅读与实践》

本课程为适应信息时代的需要,旨在通过与语文学习有紧密联系的新闻作品的阅读与实践,培养学生初步的传媒素养,提高他们对新闻作品的阅读、写作以及综合实践能力。

这本教科书共六章,分别是:新闻是什么;消息:带露珠的新闻;通讯:讲述新闻故事;特写:镜头式的新闻片断;新闻评论:媒体的观点;报告文学:交叉的新闻与文学。除第一章以知识讲解为主外,其余五章均包含"导引"、"课文"、"实践"三部分内容。在内容的安排上,注意从中外新闻史的角度,选取各类新闻体裁报道形式中具有代表性的作品,古今中外兼顾,理论与实践汇通,以开阔学生的新闻视野,提升思维的敏锐性和判断力,增强社会责任感,树立在社会实践中学习语文、运用语文的意识。

2.《中外传记作品选读》

本课程着眼于励志教育,引导学生从中外杰出人物的事迹中汲取人生启迪和精神力量,初步了解如何用历史唯物主义的眼光评价历史人物,同时激发阅读鉴赏传记作品的兴趣,培养阅读鉴赏传记作品的能力,并尝试练习对传记人物的观察、描写与评述,提高阅读与写作能力。

这本教科书采用文选的形式,选收中外人物传记十二篇,分精读、略读和课外阅读。其中"精读"六篇,分别是:"杜甫:'万方多难'中成就的'诗圣'"、"鲁迅:深刻与伟大的另一面是平和"、"毛泽东:忆往昔,峥嵘岁月稠"、"贝多芬:扼住生命的咽喉"、"达尔文:兴趣与恒心是科学发现的动力"、"马克思:献身于实现人类理想的社会"。"略读"两篇,分别是:"沈从文:逆境也是生活的恩赐"、"杨振宁:合璧中西科学文化的骄子"。"课外阅读"两篇,分别是:"蒙哥马利:强者是不断挑战自己"、"比尔·盖茨:IT英雄的成功之道"。不同类型的课文配有不同的助读内容。比如:"精读"课文,每课包括"阅读提示"、选文、"思考与探究"、"拓展与实践"、"有关资料";"略读"课文,每课则包括"阅读提示"、选文、"思考与探究"、"有关资料";而"课外阅读",只有"阅读提示"与"思考与探究"。

(四) 语言文字应用

1.《语言文字应用》

本课程突出时代性、基础性和实用性,充分考虑学生已有的语言文字基础和社会需求,结合初中和高中必修课中已经出现的语言文字相关知识,力求用生动活泼的形式,全面展示语言文字应用的主要内容,学习汉语言文字的运用规范,语言力求通俗易懂,同时强调"动脑动手",设计了一系列灵活多样的探究活动,以提高学生对汉语言文字的应用能力。

这本教科书共有六课,分别是:"走进汉语的世界"(汉语)、"千言万语总关'音'"(语音)、"神奇的汉字"(文字)、"词语万花筒"(词汇)、"言之有'理'"(语法)、"语言的艺术"(语言艺术)。每课分四节,每节包括"引子"、"课堂活动"、"工具箱(知识链接)"、"小试身手(思考与练习)"等内容。

2.《演讲与辩论》

口语交际过去在语文教学中没有受到足够的重视,其实口语交际能力是一个人语文素养的重要方面,更是其综合素质的自然体现。发言、演讲、讨论、辩论甚至清谈的过程,正是彼此思想的碰撞、视野的交汇以及趣味的融合,有助于锻炼表达能力和思辨能力,在当今时代显得尤其重要且必要。由于演讲与辩论的实践性非常强,必须通过实践才能逐步形成并提高,本课程试图搭建一个演讲与辩论的语文实践平台,通过观摩、感受并实际演练,分析研究演讲、辩论范例,从中获得经验教训等实践活动,提高学生的口语交际能力,增长知识,开阔视野,陶冶情操,提高思想文化修养。

这本教科书共六个单元。其中四个演讲单元,学习重点分别为

"演讲的基本素养"、"主题深刻和逻辑严密"、"讲究语言艺术"、"要有针对性"。两个辩论单元,学习重点分别为"辩论的基本素养"和"辩论的逻辑规律和策略"。每个单元由"范例学习"、"相关链接"和"综合实践"等内容组成。演讲与辩论的范例强调具有一定代表性,既有古代的,如《孟子·齐桓晋文之事》,又有近现代的,如胡适、蔡元培、鲁迅、陶行知等,也有当代的,如景克宁、贺红的,还有外国的,如柏拉图、赫胥黎、林肯、雨果等。

3.《文章写作与修改》

写作能力是一个人语文素养的集中体现,所以写作历来是高中语文教学的重要内容之一,写作训练也贯穿于整个高中语文教学之中。尽管其他选修课也注重表达交流的训练,但毕竟是以阅读鉴赏为主的,本课程却是以培养学生的文章写作与修改能力为主,当然是在他们已有写作基础上的巩固、梳理与提高。由于写作活动具有很强的实践性,本课程的设计以写作过程为中心,揭示中学生写作的内在规律,注重具体的操作要领,同时注意写作知识的实用性和写作指导方法的灵活性,注重写作过程,引导学生自主写作,在写作实践中提高写作能力。

这本教科书共四章,分别是:"写作的多样性与独特性"、"材料的选择与使用"、"作文的运思与谋篇"、"文章修改与完善"。每一章包括"话题探究"、"知识导引"、"例文借鉴"、"写作实践"等内容。例文尽量用中学生作文或同等水平的文章,以消除教科书与学生的距离,增加亲近感。"写作实践"所设计的题目注意贴近时代、贴近社会、贴近学生,以增加题目的实用性和可操作性。

(五)文化论著研读

1.《先秦诸子选读》

先秦诸子是中国文化之根。本课程旨在通过对先秦诸子论著的学习,提高学生对中国优秀传统文化的认识,增强对中华民族精神的认同感,培养对传统优秀典籍的热爱,同时进一步发展学生对文言文的阅读能力以及对中国古代散文作品的鉴赏能力。这本教科书除"概说"对先秦诸子的主要思想观点及先秦议论文的艺术魅力加以总述外,共七个单元,分别研读《论语》、《孟子》、《荀子》、《老子》、《庄子》、《墨子》、《韩非子》。单元前有"单元说明",概括介绍所读典籍的基本情况。每一节又有"引入话题"、"阅读选文"、"思考与练习"、"相关链接"四部分内容。值得注意的是,这里的"相关链接"并非延伸阅读的文献资料,而是"补白",选取一些名家对所读典籍的评论,以引导学生深入研读作品。

2.《中国文化经典研读》

中华文明源远流长,中华文化博大精深,作为文明载体的中国文化经典构成了一座神圣而丰厚的思想宝库,也是增进民族凝聚力、树立民族自信心的巨大精神源泉。本课程试图引导学生较为系统地接触中国文化经典论著,初步了解中国文化的基本内涵,全面认识和理解中华优秀传统文化,以增长见识、开启智慧、陶冶身心、涵养德行、砥砺人格。在篇目选择与学习要求上,又注意突出语文课的特点,力图进一步巩固此前所学文言文知识,培养文言语感,并能有所发展。

这本教科书共十个单元,除第一单元"入门四问"概述中国古代文化经典的基本情况外,分别从以下九个方面介绍了中国文化经典:"儒道互补"(哲学)、"春秋笔法"(历史)、"修齐治平"(道德)、"佛理禅趣"(佛学)、"盛世篇言"(政治)、"天理人欲"(理学)、"科学之光"(科学)、"经世致用"(学术)、"人文心声"(文学)。每个单元包括"单元提示"、"经典原文"、"相关读物"、"阅读指南"、"思考·讨论·练习"、"大视野"和"知识链接"等内容。值得注意的是,在"阅读指南"和"大视野"里,编者特别强调"融汇古今"、古为今用,即揭示出中国文化经典在今天的现实意义。

3.《中国民俗文化》

本课程通过阅读与民俗文化有关的作品和探究活动,引导学生结合所在地区地方文化的特点和生活实际学习语文、运用语文,在提高理解和运用祖国语言文字能力的同时,对我国各地一些重要民俗现象和民族文化有更深入的理解和感受,增强对中华民族传统文化的认同感,培育民族精神和民族意识。

这本教科书共七个单元,分别为:"年节风俗"、"衣食住行"、"百工百业"、"红白喜事"、"社交礼仪"、"信仰禁忌"、"神话歌谣"。每个单元包括"单元说明"、"课文"、"梳理探究"和"相关链接"等内容。

中学语文与中国现代文学

吴福辉

本项目的名称为"中学语文与中国现代文学",2006年年末申请北京大学语文教育研究所的"课堂内外基金"获准,2007年开始启动。项目主持人中国现代文学馆吴福辉研究员,博士生导师,有二十年中学语文教育的经验,从事中国现代文学研究工作达三十年以上。课题组成员有:南通大学陈啸副教授,现当代文学博士;复旦大学李楠副教授,现当代文学博士。二人均有在中学、大学进行语文教育的经历。课题组一度拟增加复旦附中的一线语文教员参与,做关于学生课外阅读现代文学作品的调查,终因重点校教师工作过于繁忙(这本身就是一个问题)而放弃。现在的研究维持了专业人员的学术分析性特色,也不免会部分地脱离教学实际,可与以一线教师为主的研究成果相参照,进行更宏观的考察。2007年11月至2008年12月期间,课题组先后在安徽省淮北市萧县中学、淮北市开渠中学、河南省开封市河南大学附属中学、开封市第十五中学、江苏省南通市平潮高级中学、南通市紫琅中学三省六校,按照统一设计的问卷,向师生主要是学生进行语文调查,收获颇丰。当时选择学校,考虑了城乡合理分布,因而包括了都市、城郊、县城、乡镇各类,重点校与非重点校各半。采访的学生对象,因考虑到问卷内容涉及各年级语文课本中的现代文学教材,除一校是初三学生外,其余皆为高三学生。课题组从2009年开始撰写论文,并在专业刊物上发表。2010年做项目总结。

一、具体选题的适当调整

"中学语文与中国现代文学"是一个很大的课题。在此之下,我们确定主攻方向的时候,避开了过去有一定成绩的成果,如民国以来中学语文课本选用现代文学作品的历史统计和演变分析、中学鲁迅作品的教学经验、中学现代散文教材的选择等,而是确定了三个具体课题:一是中国现代文学进入"经典化"的历史进程之后,中学语文教材目前有无反应,有什么反应;二是自1997年中小学语文教育那场大讨论后,人们关心的中国现代文学作品进入语文教材是否可以修改,如果修改,它的文本依据、学生的接受依据何在;三是中国现代文学的当代性和进入中学语文教材之后如何保持人文意义、语义意义两方面的时代活力及当前存在的问题。与这三个题目相关的,还列了如鲁迅、老舍等具体的现代作家作品何人、哪些作品更受学生喜爱、更适宜学生学习,语文教师对于不断"重写"的中国现代文学史知识应如何储备、再学习等子题目。应当说,后来的课题基本上是循着这一框架进行的,但也做了必要的调整。

　　调整的主要是第二个:现代文学教材的"修改"问题。当初对此题的兴趣,一是受"大讨论"的刺激,觉得符合当下人们的关注点;二是能发挥课题组现代文学专业研究人员的特长,便于使用"原著"与"教材"对照汇校的方法来做研究。但在接触中学教学实际的时候,我们发现既很难分辨清楚优劣得失,又不是师生们当前最关心的紧迫性问题。一般教师都同意在尊重原貌的前提下"修改",认为只有适合教和学才是衡量现代文学作品进入教材的要害,长短要适宜,要照顾接受者的年龄特征,要适应时代。学界大部分人反对"修改"原著,首先是谁来改(上层语文工作者的思想意识、文学文字偏见如何监督),改的根据能否经得住历史考验("适应时代"是个变化莫测的东西),他们强调"经典"的权威性、永恒性,主张所谓不适合学生的内容正可作为训练青少年提高识别能力的材料。就像美国作家塞林格的《麦田的守望者》,教师们大部分反对自己的学生看,文学界的评价却高得不得了,永远辩论不清。当前牵动师生情绪的语文教材问题主要是,语文兼有工具性、人文性的特质被进一步明确后,我们的语文选文能否跟得上?所选现代文学课文学生喜不喜欢学、教师喜不喜欢教?现代文学作品经典的"当代性"在哪里?迫切存在的问题是什么?于是,我们将原来的第二个课题割爱,将一、三合并作为重点,在问卷中渗入原子题的各种内容。最后把现代文学进入当代语文教材的经典化、多元化理解及相应产生的问题作为具体选题。

二、调查问卷的一般统计

由于高三学生具有可比性,以下的统计材料来自河南大学附中(以下简称"附中")高三11班46份,开封十五中(简称"十五中")高三10班50份,萧县中学(简称"萧中")高三6班50份,淮北开渠中学(简称"开中")高三4班、高三5班105份,南通平潮中学(简称"平中")高三1班、高三3班、高三6班、高三10班190份,共计441份。适当采用南通紫琅中学(简称"紫中")初中部的材料作为附件。先不将调查数据用在深入分析上面,是本总结的特色,因为一般的统计数字我们这个课题组可用,其他人也可用,应将它先公开出来,这本身就是项目成果之一。

(一)学生最喜欢的现代作家与相对不喜欢的作家的调查

(简称A卷)

列出29名现代经典作家名单,由被调查者划最喜欢的4人、相对不喜欢的2人。结果是:附中最喜欢鲁迅25票,冰心16票,朱自清14票,巴金14票;不喜欢端木蕻良18票,林海音6票。十五中最喜欢鲁迅23票,朱自清21票,徐志摩19票,沈从文16票;不喜欢端木蕻良11票,冰心8票(鲁迅7票,在不喜欢作家里列第三位)。萧中最喜欢徐志摩27票,鲁迅21票,朱自清18票,冰心16票;不喜欢端木蕻良16票,鲁迅9票。开中最喜欢鲁迅63票,冰心62票,朱自清56票,老舍47票(徐志摩46票第五);不喜欢端木蕻良52票,牛汉17票。平中最喜欢鲁迅125票,冰心87票,老舍73票,朱自清62票;不喜欢端木蕻良64票,胡适36票。

以上的统计各校之间差异甚大。鲁迅既是最受欢迎的作家,在两个学校里又被列为不喜欢的作家,令我们吃惊,也是意味深长的。较稳定得到爱戴的现代经典作家是鲁迅、冰心、朱自清、徐志摩、老舍等。端木蕻良得"不喜欢"的票高得离谱,估计是中学生对他太不熟悉。

如打乱学校将29名作家按441张问卷排序,"喜欢"的情况又是另一番风景:鲁迅257,冰心195,朱自清171,老舍160,徐志摩157,巴金

110,郭沫若100,沈从文88,余光中78,艾青49,闻一多47,汪曾祺41,郁达夫38,丰子恺36,臧克家33,戴望舒31,曹禺30,茅盾28,孙犁26,杨绛20,林海音16,胡适14,端木蕻良13,何其芳7,牛汉5,聂绀弩4,穆旦3,陈敬容3,丁西林1。这当然与他们在文学史上的地位不尽相当,却大体上也有中学生自己的道理。几票之差并不能说明什么,但有数点可以注意:鲁迅是遥遥领先的;前十位学生热爱的大作家中有一位是健在的余光中,从下面其他调查可以知道这绝非偶然;十名以后的作家中,汪曾祺、臧克家比预料要高,曹禺、茅盾、胡适比预料低;端木蕻良并非最后,他之后排有6位;最后的丁西林也只能说明学生读他的剧本太少,而且现在是"小沈阳"耍笑得势的年代,纯正的讽刺或幽默必受冷漠,不被欣赏。

(二)学生认为对自己作文帮助最大的现代作家的调查

(简称B卷)

还是这29名经典作家,划出5名。此调查本与前一问卷一样,换个问法之后,学生会接受不同的暗示:认为"作文主要是语文工具的运用"(思想型作家并不一定最好)的,与认为"作文是人文精神和语文工具综合体现"的,就会填出不同的作家来。这样就可与第一份调查比较,看所指经典作家的差别。结果是:

附中前5名作家是鲁迅25,冰心25,朱自清22,徐志摩18,老舍15。同样的被调查者在"帮助作文"的背景下显著地升高了冰心、朱自清的位置,而鲁迅仍是25人投他,一个没有增加没有减少。

十五中前5名是鲁迅23,朱自清23,徐志摩21,老舍19,冰心17,余光中并列17。极有趣的是鲁迅也是一个不增一个不少全班23票,而其他5名作家都有不同程度的增加。

萧中前5名是徐志摩27,鲁迅24,老舍并列24,朱自清23,冰心21,郭沫若19。此校前一种调查本来就是徐志摩第一,鲁迅第二,这里不变;而老舍大大提高,与鲁迅并行;郭沫若的第五倒是没有想到。

开中前5名是鲁迅79,朱自清73,冰心70,老舍51,巴金46。与前一调查比,普遍都提高,而巴金提高到可与徐志摩抗衡(徐为42票,第六)。

平中前5名是鲁迅123,冰心118,朱自清95,老舍94,巴金87。与开中非常接近。与前一调查比,老舍的位置提高了。

441份问卷的经典作家排序与前相差不大,这里就不罗列了。对于中学生来说,鲁迅的位置基本没变,而冰心、朱自清、老舍、沈从文、徐志摩、余光中都被适量提高。中学生为何对他们喜爱有加,我们将在下一节依据调查再来讨论。有些作家如萧红、赵树理、张爱玲、金庸等之所以没有进入表格,是因为在2008年的"人教版"、"苏教版"教材里他们都不突出。有的学生提出为什么没有金庸,也是极个别的。

(三) 对7部进入教材或指定为课外阅读教材的现代文学经典的调查(简称C卷)

这7部作品中,问被调查者最喜欢哪一部。绝大部分同学答一部,但也有答两三部的,均为有效答卷。结果是:

	附中 (46份)	十五中 (51份)	萧中 (50份)	开中 (105份)	平中 (190份)	合计
《阿Q正传》	13	14	14	38	40	119
《子夜》	2	3	1	5	8	19
《家》	8	8	7	18	41	82
《骆驼祥子》	8	6	11	19	41	85
《女神》	3	0	2	8	11	24
《雷雨》	10	13	7	30	38	98
《围城》	17	20	13	13	47	110

按照总排序,第一至第七为《阿Q正传》、《围城》、《雷雨》、《骆驼祥子》、《家》、《女神》、《子夜》。单看《阿Q正传》和《围城》,鲁迅虽然仍能独占鳌头,但已受到很大挑战。单看每一学校,五校里已经有三校的《围城》喜爱者超过《阿Q正传》。此外,《雷雨》的作者在前面的作家调查中都排在后面,却在这里超出老舍和巴金,可见万万不能将问卷结论简单化看待。

(四)进一步对 55 篇进入教材的现代文学作品进行调查
(简称 D 卷)

这 55 篇作品中,问哪 5 篇是被调查者最喜欢的,哪 3 篇不喜欢。下面分两个表格来表示,第一个是关于最喜欢的 5 篇作品的调查结果:

	附中 46 份	十五中 50 份	萧中 50 份	开中 105 份	平中 190 份	合计 441 份
《从百草园到三味书屋》(鲁迅)	9	7	11	24	51	102
《社戏》(鲁迅)	5	6	5	19	42	77
《故乡》(鲁迅)		4	1	2	2	9
《风筝》(鲁迅)	4	3	6	4	6	23
《孔乙己》(鲁迅)	4	5	12	26	38	85
《藤野先生》(鲁迅)	2	4	2	8	9	25
《呐喊·自序》(鲁迅)	9	4	8	11	35	67
《祝福》(鲁迅)	4	5	3	18	43	73
《拿来主义》(鲁迅)	2	3		8	12	25
《记念刘和珍君》(鲁迅)	4	5	4	7	21	41
《灯下漫笔》(鲁迅)	2	5	4	1	5	17
《药》(鲁迅)	3	4	5	10	36	58
《阿Q正传》(鲁迅)	11	3	11	18	32	75
《阿长与山海经》(鲁迅)	5	2	1	5	5	18
《雪》(鲁迅)	3	5	1	2	9	20
《中国人失掉自信力了吗》(鲁迅)	1	3	2	13	7	26
《死水》(闻一多)	1	3	4	11	3	22
《茶馆》(老舍)	11	9	12	14	46	92
《济南的冬天》(老舍)	4	4	2	23	23	56
《天上的街市》(郭沫若)	2	6	8	11	27	54
《静夜》(郭沫若)	1		6	4	3	14

(续　表)

	附中 46份	十五中 50份	萧中 50份	开中 105份	平中 190份	合计 441份
《雷电颂》(郭沫若)	1			2		3
《谈生命》(冰心)	6	6	2	9	10	33
《纸船　寄母亲》(冰心)	4	5	10	28	16	63
《观舞记》(冰心)						0
《小橘灯》(冰心)	5	6	2	29	48	90
《雷雨》(曹禺)	9	6	8	12	43	78
《边城》(沈从文)	14	12	9	6	50	91
《云南的歌会》(沈从文)						0
《闻一多先生的说和做》(臧克家)		2			2	4
《三块钱国币》(丁西林)	2	3	2	7	10	24
《故都的秋》(郁达夫)	3	6	2	6	9	26
《我若为王》(聂绀弩)	6	6	5	4	5	26
《荷花淀》(孙犁)	4	3	10	9	6	32
《芦花荡》(孙犁)	4	3	3	4	4	18
《雨巷》(戴望舒)	8	11	12	7	22	60
《我用残损的手掌》(戴望舒)					1	1
《预言》(何其芳)		3	4		6	13
《秋天》(何其芳)		1		5	4	10
《窗》(陈敬容)	1	1			1	3
《再别康桥》(徐志摩)	16	20	24	54	77	191
《赞美》(穆旦)		2	1	2	3	8
《我的空中楼阁》(李乐薇)	12	7	7	8	4	38
《吆喝》(萧乾)	2	3		1	6	12
《我的母亲》(胡适)	4	5	1	14	17	41
《我的第一本书》(牛汉)	1	1	1		1	4

(续　表)

	附中	十五中	萧中	开中	平中	合计
	46份	50份	50份	105份	190份	441份
《华南虎》(牛汉)				2		2
《日》(巴金)	2	1	1	2	5	11
《月》(巴金)	1		1	2	4	8
《端午的鸭蛋》(汪曾祺)	4		3	1	6	14
《老王》(杨绛)	4	2	3		5	14
《雨说》(郑愁予)	2	3	5	3	4	17
《土地的誓言》(端木蕻良)	2				5	7
《爸爸的花儿落了》(林海音)	8	7	7	7	4	33
《竹影》(丰子恺)	2	2	2	1	5	12
《我爱这土地》(艾青)	5	4	5	4	16	34
《乡愁》(余光中)	8	15	18	36	38	115

被推为受欢迎的现代文学课文前5名的是《再别康桥》191票,《乡愁》115票,《从百草园到三味书屋》102票,《茶馆》92票,《边城》91票(《小橘灯》90票,与前面第四、第五没有什么差别)。将作品调查与前面的作家调查仔细比对,可引出许多可供讨论的问题。

第二个是关于不喜欢的3篇作品的调查结果:

	附中	十五中	萧中	开中	平中	合计
	46份	50份	50份	105份	190份	441份
《从百草园到三味书屋》(鲁迅)	5	1	2	5	14	27
《社戏》(鲁迅)		5	2	9	12	28
《故乡》(鲁迅)				1		1
《风筝》(鲁迅)		1	2	1	7	11
《孔乙己》(鲁迅)	2	3	1	7	3	16
《藤野先生》(鲁迅)	1	1	1	7	2	12

中学语文与中国现代文学

(续 表)

	附中 46份	十五中 50份	萧中 50份	开中 105份	平中 190份	合计 441份
《呐喊·自序》(鲁迅)	3	2		7	6	18
《祝福》(鲁迅)	2	3			10	15
《拿来主义》(鲁迅)	2	3	1	11	9	26
《记念刘和珍君》(鲁迅)		3	2	7	11	23
《灯下漫笔》(鲁迅)	2	1	2	5	3	13
《药》(鲁迅)	1			5	8	14
《阿Q正传》(鲁迅)	3		2	1	4	10
《阿长与山海经》(鲁迅)	1		1	2	1	5
《雪》(鲁迅)	1	1	1	4	7	14
《中国人失掉自信力了吗》(鲁迅)	3		1	4	13	21
《死水》(闻一多)	1	1	1	3	3	9
《茶馆》(老舍)			1	7	3	11
《济南的冬天》(老舍)		2	2	3	9	16
《天上的街市》(郭沫若)	3	4	3	1	19	30
《静夜》(郭沫若)	1	3	4	3	12	23
《雷电颂》(郭沫若)	1	3	4		1	9
《谈生命》(冰心)	3	2	2	1	8	16
《纸船 寄母亲》(冰心)	2	4	1	3	1	11
《观舞记》(冰心)	2	1	2	5	4	14
《小橘灯》(冰心)	3	1	3	4	5	16
《雷雨》(曹禺)	2	1	1	11	10	25
《边城》(沈从文)	1	2	2	9	6	20
《云南的歌会》(沈从文)	3	4	3	13	6	29
《闻一多先生的说和做》(臧克家)		2		4	4	10
《三块钱国币》(丁西林)	5	5	7	12	22	51

（续　表）

	附中 46份	十五中 50份	萧中 50份	开中 105份	平中 190份	合计 441份
《故都的秋》（郁达夫）	1			1	4	6
《我若为王》（聂绀弩）	7	2	8	19	15	41
《荷花淀》（孙犁）			2	5	7	14
《芦花荡》（孙犁）	1	1	3	5	11	21
《雨巷》（戴望舒）		2	1	4	14	21
《我用残损的手掌》（戴望舒）			3	1	4	8
《预言》（何其芳）	2	1	3	10	14	30
《秋天》（何其芳）	1		4	2	3	10
《窗》（陈敬容）	2	1	2	1	4	10
《再别康桥》（徐志摩）		2	2	3	4	11
《赞美》（穆旦）	2	1	6	3	7	19
《我的空中楼阁》（李乐薇）		2	4	4	5	15
《吆喝》（萧乾）	8	2	5	16	20	51
《我的母亲》（胡适）					2	2
《我的第一本书》（牛汉）	5	2	2	5	6	20
《华南虎》（牛汉）	1	3	2	5	14	25
《日》（巴金）	3	2		1	4	10
《月》（巴金）	1			2	3	6
《端午的鸭蛋》（汪曾祺）	1	2	5	11	11	30
《老王》（杨绛）	2	2	1	1	4	10
《雨说》（郑愁予）	4		2	1	3	10
《土地的誓言》（端木蕻良）			6	5	13	13	37
《爸爸的花儿落了》（林海音）		3	1	2	6	12
《竹影》（丰子恺）		2	1	7	3	13
《我爱这土地》（艾青）			1		4	5
《乡愁》（余光中）	1	1	2	4	1	9

按照原先想要知道学生最不喜欢的作品是什么的调查目的,恐怕会有所失望。因为从前3名的《三块钱国币》51票,《吆喝》并列第一51票,《我若为王》41票,《土地的誓言》37票的情况看,提供一些分析线索是有的,但学生对作品不熟的主要原因不可不考虑。此表更大的意义,是那些在前表受欢迎的作品,如《社戏》、《从百草园到三味书屋》、《天上的街市》、《雷雨》、《边城》、《雨巷》等,居然都有20以上的不喜欢票。《再别康桥》在第一表中以191票夺魁,但在第二表中竟也有11张反对票。这有点意思。

(五) 对已被学生遴选出的最受欢迎5篇现代文学作品再做重复调查(简称E卷)

这次补充调查比较集中,只调查南通的平潮中学(重点学校的高三学生)和紫琅中学(非重点学校的初三学生),问卷仅列《再别康桥》、《边城》、《雷雨》、《茶馆》、《从百草园到三味书屋》5篇(部),依据的是前几次调查中得票最高者。凡喜欢者画钩,数目无严格限制,但要说明喜欢的理由。学生大部分勾一、二篇(部)。结果如下:

	平潮高三生		紫琅初三生	
	69份	排序	53份	排序
《再别康桥》	37	2	27	2
《边城》	45	1	34	1
《雷雨》	32	3	23	3
《茶馆》	12	5	10	5
《从百草园到三味书屋》	14	4	20	4

两个学校学生的差异十分明显,比如初中生参加调查的人数要比高中生少16人,但喜欢《从百草园到三味书屋》的人数却多,投票的绝对数字是20:14,可见鲁迅此文少年更喜欢。另外,绝非巧合,5篇(部)作品的排序,初、高中生完全一致。至于同学们说明的理由,将在下一节分析问题时加以引用。

(六) 关于学生对现代文学作品哪些人文内容最感兴趣的调查
    （简称F卷）

这个调查设计有些生硬,但我们也没能想出更好的办法来。现在的问卷是这样:现代文学作品中包含的人文内容,你觉得对你做人最有作用的是什么?请在"个性自由"、"爱国主义"、"现代精神"、"民族文化传统"、"人与自然保护"、"独立思考"、"尊重妇女儿童和别人"等你认可的项下打钩,可打1到4个,也可在括号里填上没有列上的内容。结果如下:

	附中 46份	十五中 50份	萧中 50份	开中 105份	平中 190份	合计 441份
个性自由	18	27	31	64	127	267
爱国主义	38	43	27	57	123	288
现代精神	16	12	27	44	85	184
民族文化传统	36	27	27	47	93	230
人与自然保护	17	13	13	53	55	153
独立思考	22	22	24	55	102	225
尊重妇女儿童和别人	7	12	7	26	35	87
对真美善的理想追求					2	2
联想创新探索的勇气		1		3	1	5
人格的自我完善				1	2	3
宽大放达的生命态度	1	1			1	3
（黑体为学生所加项目）						

这个调查里面,"个性自由"与"爱国主义"相伯仲的情况最发人深思。五个学校中有两个学校认为"爱国主义"是人文内容第一位的,三个学校将"个性自由"排到"爱国主义"的前边。但441票的总数,"爱国主义"略略超出,仍是第一。这很有点意思。"环保"是倒数第二,"妇女儿童"是倒数第一。"现代精神"是最大而化之的概念,应不应该

自立一项都值得怀疑,但学生填得很踊跃。

(七)关于现代文学作品的语文内容调查(简称G卷)

这个调查做了两次。第一次是设5个有对立面色彩的语文项,计为①"文""白",②"欧化长句""口语短句",③"繁""简",④"平实""绚丽",⑤"爱背诵""不爱背诵",让学生选择。结果是:

	附中 46份	十五中 50份	萧中 50份	开中 105份	平中 190份	合计 441份
文	19	14	9	21	25	88
白	16	23	21	49	103	212
欧化长句	9	8	9	5	21	52
口语短句	16	16	18	33	68	151
繁	6	3	4	6	13	32
简	19	24	17	45	91	196
平实	24	26	11	46	77	184
绚丽	20	19	26	41	84	190
爱背诵	28	27	17	47	102	221
不爱背诵	12	12	26	46	72	168

在这个表里虽也有个别学校"文"会胜"白",但总体来说对中国现代白话的优势,学生们还是倾向于"白"胜"文"、"短句"优于"长句"、"简"比"繁"强,等等。但是到了后两项,调查毫不含糊地告诉我们,"平实"与"绚丽"共舞,"不爱背诵"的人敢于勇敢地说出来,而且168∶221也足够说明潮流了。

"语文"类调查往往过于抽象,不具体也就吃不清楚大家对概念的理解有多大的差距,我们又进行了第二次调查。这次补充问卷也是发给南通的平潮中学高三生和紫琅中学初中生的。问卷选择了8篇节选的文字,分别是第一组《谈生命》(冰心)、《边城》(沈从文)、《荷花淀》(孙犁)、《济南的冬天》(老舍)4篇,第二组《故乡的野菜》(周作人)、《鸟声》(周作人)、《沙滩》(废名)、《五祖寺》(废名)4篇,提示学生从自己喜欢白、简、短句、平实的角度（如《荷花淀》的开头："月亮升起来，院子里凉爽得很，干净得很，白天破好的苇眉子潮润润的，正好编席。女人坐在小院当中，手指上缠绞着柔滑修长的苇眉子。苇眉子又薄又细，在她怀里跳跃着。"），或喜欢文、长、繁、深、绚丽的角度（如《故乡的野菜》的开头："我的故乡不止一个，凡我住过的地方都是故乡。故乡对于我并没有什么特别的情分，只因为钓于斯游于斯的关系，朝夕会面，遂成相识，正如乡村里的邻舍一样，虽然不是亲属，别后有时也要想念到他。"），分别勾出喜欢的句篇来。结果是：

	平潮中学		紫琅中学	
	高三生 69 份	小结	初中生 53 份	小结
《谈生命》句篇	43	177	41	157
《边城》句篇	46		40	
《荷花淀》句篇	43		37	
《济南的冬天》句篇	45		39	
《故乡的野菜》句篇	14	62	7	32
《鸟声》句篇	15		8	
《沙滩》句篇	16		7	
《五祖寺》句篇	17		10	

很显然，总的趋势差不多，中学生都主张学习中国现代语文应以第一组的趋向为佳。但初中生相对简单一点，他们给第二组打钩时比较吝啬；高中学生就复杂了，他们有的明确地说出繁杂的长句可以申述较深意思的理由来。平潮学生在具体表达他们对"语文"的看法时，在问卷上留下了自己的青春气息，我们将在下一节讨论这些问题。

三、可供讨论的问题及我们的观点

以上的七项调查虽然仍免不了有些粗糙，但所含内容已相当丰富。围绕"现代文学的经典化与现代文学作品当下入选的主要症结所在"这一中心问题，以调查问卷为依据，结合我们与师生进行的各种形式交流所得到的补充认识,下面可讨论几个问题。

(一) 鲁迅作品选入语文教材的改进工作仍具典型意义

这次调查的结果之一,也是让我们最感震动的,即鲁迅既是中学生最热爱的、对他们学习语文最有助的现代作家,同时也是遭部分学生冷淡、批评的作家。学生虽然年龄还小,读书见闻有限,但他们对鲁迅的反应,与整个学术界和社会在鲁迅经典化过程中掀起的潮流,是一致的。一方面,鲁迅的文学史地位仍然不可动摇,在学生心目中也最稳定:大部分的作家作品调查鲁迅都得最高票数,《阿Q正传》《从百草园到三味书屋》《孔乙己》《社戏》等鲁迅作品都名列前茅;有些学生在填写55篇作品中最喜爱的5篇作品时全部都填的是鲁迅作品。另一方面,鲁迅在社会上引起的争议日多,中学生里也出现了歧见。如A卷441张票里有39张明确表示不喜欢鲁迅。还有几种隐性的对鲁迅不利的填法,同一个学生在A卷填喜欢鲁迅,却在D卷55篇作品中一篇也不填喜欢鲁迅的作品(55篇中鲁迅作品可是占16篇之多啊);或在A卷鲁迅一项轮空却在D卷只填否定。而在D卷中还大量存在对鲁迅16篇作品一分为二的看法,既勾喜欢的,也勾不喜欢的。如果将同一个被调查者的A卷、D卷联系起来看,在对待鲁迅及其作品的态度上大体有五种。试以开封十五中为例作表如下:

十五中	A填喜欢 D也填喜欢	A填否 D也填否	A填喜欢 D空	A空 D却全否	A填喜欢 D有喜欢有否
50	22	7	7	3	11

22票是彻底喜欢鲁迅的,约占50票的一半;第二、第四类其实都是不喜欢鲁迅的,加一起是10票,不算少;第三类为中间不定者;而第五类11票有可能最有远见,不可小觑。

要应对学术界和社会上对鲁迅经典化的复杂反应,改进现代作品进入中学教材的现况,我们不能不选或简单地少选鲁迅作品就了事,也不能稳坐钓鱼台无所作为。我们要研究学生喜欢鲁迅什么,不喜欢什么,喜欢与不喜欢都有没有道理。这是一个很艰巨的题目,并不是我们这样几个简单的调查就能够解决的。我们的调查仅能作为思考的线索。不过因为是偏于学生的调查,或许能够纠正一点过去选教材时对学生意见考虑不足的倾向。

根据这次调查,如将 D 卷鲁迅 16 篇作品被学生填作喜欢的数字单独调出,重新加以排序,分别是这样的:

	喜欢鲁迅 441 份
《从百草园到三味书屋》	102
《孔乙己》	85
《社戏》	77
《阿Q正传》	75
《祝福》	73
《呐喊自序》	67
《药》	58
《记念刘和珍君》	41
《中国人失掉自信力了吗》	26
《藤野先生》	25
《拿来主义》	25
《风筝》	23
《雪》	20
《阿长与山海经》	18
《灯下漫笔》	17
《故乡》	9

一般地说,前三篇《从百草园到三味书屋》、《孔乙己》、《社戏》受喜爱当然是因为它们比较接近学生的生活,青少年容易体会其中的感情和含义。《从百草园到三味书屋》在 D 卷 55 篇调查中是第三位,证明它的高度稳定性。E 卷调查中,紫琅的初中生说喜欢它:"描写童趣的绚丽而又简约的语言文字";"让我回味童年,体味曾经的那一份美好与纯真,忘却烦恼与忧愁";"鲁(迅)用回忆让我们明白我们已长大,失去的终不会回来,唯有珍惜而已"。平潮高中生在肯定此文时还发

挥道:"它所描写的住所、教室,不是现在这种,里面的传说更添了几分乐趣";"朴实自然,真正地贴近生活、贴近人性、人生的文章,应该更加适合这个年龄阶段的中学生,(有)深度、(又)感性的文章更受欢迎"。

再接下来的《阿Q正传》是名篇,按中学生的年龄阅历理解会有困难,但学生在各种调查里并不否定,有的学生还谈到大了可以逐渐理解的道理。鲁迅杂文被学生排在最前面的是《呐喊自序》、《记念刘和珍君》也有道理,它们记叙的成分多,哪怕是议论部分读起来一知半解,有了记叙打底,大致就能读下来了。

明确地被学生打×的鲁迅作品,可到上面D表去查,分析起来也并非容易。可注意以下几点:(1)受欢迎的篇目同时也可能是受批评的篇目,如《从百草园到三味书屋》、《社戏》、《记念刘和珍君》三篇竟都得到20以上的否定票,让人始料未及。这种"偏见"也许会包含某种真理或局部真理,值得琢磨。而这些篇目被选的时间过长,引起"厌烦"、"逆反"心理,也是有可能的。房子里固定的家具放长了应当搬动搬动是常理。(2)《拿来主义》、《中国人失掉自信力了吗》两篇超过20票不喜欢,应考虑如何选择鲁迅的议论类杂文。(3)《雪》、《风筝》是《野草》里的篇目,也有10票以上不看好。这些年学术界重视《野草》与鲁迅思想的关系,但《野草》里的现代主义因素对于学生而言比较陌生,而教师的知识储备也是最不够的。《野草》还是要选,但建议深入研究选法。鲁迅文字偏于艰深,学生们有自己的观点。在E卷调查中,平潮高中学生有的写了以下批评鲁迅的文字(有受社会影响的影子):"很不喜欢《从百草园到三味书屋》,有的句子读不通,就是病句!这本来在那个年代很正常,但现在的教科书上偏要'吹'那几个'病句'如何如何好,受不了!""本人一概讨厌鲁迅作品,因为他的文字十分拗口生硬,明明就是不正确的语病吧,还拿来当美句背诵。但通过老师课上讲解,知道鲁迅的文章后都藏着爱国的赤子之心。"有的学生甚至说:"鲁迅文章则比较适合大学生、学者研读,在中学不受太大欢迎。"这里顺便将一名学生谈《雷雨》的话引下来,因与谈鲁迅的问题相通。他说:《雷雨》"就是'雷雨'一般起先很平静,继而是初露端倪,继而狂风暴雨般爆发,揭示出人性的丑恶,但我觉得不太适合中学生阅读,毕竟中学生心灵还是很纯洁的"。以上意见都很偏颇。关于"艰涩"问题,历史语句是否是"病句"的问题,最重要的是鲁迅给下一代的感性认识和理性认识的问题,都值得研究。

鲁迅和现代文学作家们所面临的经典化过程,不可避免地要投射到中学语文教育中来。建国以来,鲁迅作品教学的正反两方面经验我们总结得还很不够,当代的新问题又压过来。我们的建议是:第一,坚持鲁迅的作品入选,但总量可以略减。第二,要选择比较贴近学生生活、思想、感情、语文的篇目,脱离的就不选了。第三,有的篇目虽好,但时间长了也可调换。第四,鲁迅是开创现代文学各种源头的大作家,选择鲁迅也要多元,如"现代主义"色彩的作品也要让高中生读,少些就是。第五,教师对鲁迅必须有与时俱进的识见,高屋建瓴,了解动态,而不是跟着80后的时尚走;有条件的话,适当地把不同意见告诉学生也是提高他们鉴别能力的一种训练。

(二) 现代文学作品与学术界新见一致或不一致

新时期以来,现代文学界先后提出"20世纪中国文学"、"重写文学史"等重大概念,现代作家作品在文学史中的地位,前后升降沉浮较大。这种新的学术变动在这次教育调查中也大体得到呼应。自然,还有些特殊情况也同样引起我们的注意。

老舍是原来文学史地位就很高的作家,但当下因为旧有的评价系统发生改变,政治的标准,"阶级斗争"、"社会集团斗争"的政治化内容下降,文学的标准,"人文"、"人性"的内容和美文的要求就上升了,他在过去的所谓"鲁郭茅巴老曹"的位置中便更加靠前了。学生的反应正是如此。如C卷调查的是对7部作品的评价,投票的结果是《骆驼祥子》85票,比"郭"(《女神》)、"茅"(《子夜》)、"巴"(《家》)的票数都高。A卷、B卷调查29名作家,老舍跃居第四位(160高票)或第五位。D问卷《茶馆》列第四。G卷里老舍的散文《济南的冬天》也得到许多学生的佳评。尤其是E卷是用调查中最靠前的5部(篇)作品再做补充测试的,《茶馆》便是其中的一部。紫琅中学初中生的评语要言不烦,说《茶馆》:"语言幽默,但又富含许多的哲理";"更好地了解一个时代的悲剧,更重视人论(伦)关系";"给人沧桑沉重之感"。《茶馆》的人物对话最引起学生的兴趣。

徐志摩、沈从文、汪曾祺等也是如此。这些"新月派"、"京派"作家,以往因政治缘故或者在文学史里当靶子只挨批判,或者干脆从文学史里消失,现在的读者包括学生都对他们另眼相看了。像徐志摩《再别康桥》这样作为他所写众多"康桥"诗题之一的短诗,现在竟成了D卷55篇作品调查中的首篇,得191票,比鲁迅、老舍还高。作家调查的A、B卷,徐志摩都列第五。补充调查的E卷,将《再别康桥》再次与其他4部呼声最高的作品相比,得到第二,并得到许多学生的美誉。平潮中学的填卷者说:"这首诗给人轻柔的、自由的感觉,倾心地品读此文,我会不由自主地融入诗人所描绘的画中,温柔的,又暖暖的";"徐志摩本身就是一个很有诗意、追求美的诗人";"徐志摩是一个传奇人物,他的文章都带有他深深的情感,虽然他感情生活很复杂,但用他的话说他对每一个人都是付出真心的"。这已经离开了诗而论人,还显然受到了大众媒体包括流行电视剧的影响。经过电视、电脑而对全社会进行文学教育,已是我们必须承认的文化环境。它也是我们语文教育课堂的必然延伸。沈从文与被称为"最后一个京派"的他的学生汪曾祺,都是这些年来文学史位置显著升高的作家。沈从文在《中国现代文学三十年》一书中已经得到专章论述。汪曾祺在我们的A卷调查中紧随第八位的沈从文而占了第十二位(茅盾仅第十八位)。B卷、D卷调查,作家排位是第五,代表作《边城》排位还是第五。E卷补充调查,《边城》在5篇最受欢迎的作品中位居第一。平潮中学学生对《边城》一点都不吝啬他们的赞美之词,如说:"《边城》让我感受到一种远离城市喧嚣的乡土之美,心灵得到涤荡,变得平静,抚平烦躁,静下心情";"它优美得像水晶球:透明、清澈。里面的爱情更是十分清纯"。中学生在评价这些作家时,运用的词汇多半是"朴素、清新的人情美"、"纯然天成的人文风情"、"悲剧色彩震撼人心",甚至对"苦涩"、"忧伤"、"凄美"等词也能运用自如,这些都是他们喜用的美学词汇。这不啻是告诉我们,文学评价标准的移动(不是全盘反转,而是有所保留并努力新进)是中国现代文学经典过程的当代特征之一,是与我们的语文选材和教学紧密相关的事情。

另一种情况是与学术界、社会上的文学史评价有差距的，是保持了校园里语文教育自己的节拍和轨道的，如郭沫若等。因为政治及其他复杂的历史缘故，郭沫若的文学史评价已经大大跌落。除了"五四"狂飙时期他的划时代的新诗，他的总体的诗歌成就、历史剧成就，都被看低。大学里愿意研究郭沫若的研究生少之又少。有的青年作家隔几年还要抨击他一番。但是在这次调查过程中，除去 C 卷调查《女神》在 7 部重量级作品中的排列稍靠后以外，一旦郭沫若与众多作家放在一处比较，如 A 卷里他在 29 名作家中排位第七，得 100 票，比沈从文、余光中、艾青要高；B 卷调查，是选择对学生学习作文帮助最大者，每人投 5 位喜欢的作家，淮北萧县中学投的第 5 名是郭沫若，这个排序也不低；D 卷调查 55 篇作品，他的老名篇《天上的街市》得 54 票居上中，排十六位。《天上的街市》受学生爱戴，或许可以揭示郭沫若在学校文学威信仍然较高的部分秘密。郭沫若"五四"诗歌对启发学生的想象力确实起到作用，学生或者听社会精英层的声音少（徐志摩因电视剧达到了大众层面），或者按照以往的"惯性"，所以对郭沫若仍持好感。郭沫若的情况可以与胡适比较。胡适的文学史地位在新时期这些年是大大提高了，他对"五四"文学的贡献，对"新月派"、"京派"作家群形成的贡献，足以让他在大陆引人尊敬。调查中，胡适不是创作家，仅一篇散文《我的母亲》在 D 卷调查时获中等的 41 票，看来学生的眼光还是敏锐的。但在 A 卷的调查记录中，南通平潮中学出现较多给胡适打×的答卷，以至于此校与众不同地将胡适列为最不喜欢的两位作家之一。可惜当场没有抓住机会与答卷人深入交流，究竟什么原因不清楚，给人的感觉似是受到一定的教师（同学）好恶的左右。这也是"惯性"。我们调查教师读过的文学史著作，发现读唐、严《中国现代文学史》的要比读钱、温、吴《中国现代文学三十年》的多一倍。看来高中教员大学毕业偏早，在校读唐、严本（不叙述京派、海派、通俗派作家）的较多，与了解郭沫若的情况一样，都处于与文学史现状乖离的状态。

而最能体现学校本身从语文教育出发对现代文学教材显示出选择功能的，是冰心、朱自清两位。现存的各种文学史尤其是近年来的文学史中,冰心、朱自清一直都有相当的地位。冰心偏于"五四"时期,有问题小说、女性散文两大类创作。1930年代后以资深作家行世,创作力已见衰落。建国后以文化交流工作为主,偶写散文,年高德劭仍有活力,名言是"生命从八十岁开始"。朱自清也写诗,但究以散文家闻名。写作自"五四"至1940年代后期逝世止,好文章却于二三十年代基本写完。所以两人都很难说是文学史上的扛鼎作家(尊重他们是另一回事)。但是我们看调查的结果,冰心、朱自清几乎被视为我们中国现代语文的最典范作家! A卷作家调查里,29位里鲁迅第一,冰心和朱自清分列第二、第三,十分抢眼。B卷进一步考察对作文最有帮助的作家,29位中排名前六者,得分如下:

	附中	十五中	萧中	开中	平中	合计	序号
鲁迅	25	23	24	79	123	274	1
冰心	25	17	21	70	118	251	2
朱自清	22	23	23	73	95	236	3
徐志摩	18	21	27	42	60	168	6
老舍	15	19	24	51	94	203	4
巴金	13	15	14	46	87	175	5

完全和A卷一致,冰心、朱自清稳坐鲁迅之后的两位(别人与A卷的差别就拉大了)。冰心还在D卷55篇作品调查中,以《小橘灯》一篇列第六位。《小橘灯》是篇短文,记叙在极端困苦的年代一个普通小姑娘镇定、勇敢、乐观的表现,如她手制的小橘灯的光,给人们(包括记叙者"我")以启示。文字朴素而带着温热,极易理解,说是篇感人至深的小文自然可以,说是中国现代散文的翘首,无论如何谈不上。但是自入选语文课本以来,就如"五四"后祖孙三代读者可以共读冰心的《寄小读者》一样,1957年写就的《小橘灯》也成了三代读者先后阅读的经典。这里面的规律很简单:这篇文字适合做语文示范。

朱自清也是。在这次所有的作品调查中我们并没有列朱自清的一篇散文,但好像接受作家调查的学生面前都不约而同地晃动起了《背影》、《荷塘月色》的画面和文字似的,于是就下笔在朱自清的名下画钩。《背影》、《荷塘月色》在全世界的华人区域,都是不衰的现代汉语范例,这与朱自清的文学史地位没有多大干系。

我们建议:第一,教师要大体了解新时期以来现代文学史"重写"的学术概况,减少旧有的"惯性"与"成见",把现代文学看成多元、合力、共生的文学,发挥入选作品人文和语文两方面的示范优势。第二,选现代文学课文应多样化,目前又要避免将"斗争性"作品刷得干干净净。第三,进一步研究冰心、朱自清作品有助于青少年学习语文的规律性东西,多选符合这个要求的好文章,不要僵硬地套用文学史的评价,哪怕是最新的评价,哪怕是正确的评价。

(三) 诗歌作品的重要性在于擅长培养良好的文思和语感

这是由前面派生出来的题目。在调查中我们有一个很深的印象:现代诗歌受到学生的特别青睐。D卷里不仅55篇作品诗歌夺首位,前5篇里第一、第二都是诗(《再别康桥》《乡愁》),接下来才是散文(《从百草园到三味书屋》)、剧本(《茶馆》)、小说(《边城》)。这已经相当出格了。大家知道中学里并不训练学生写诗。在做教师调查时,有一项关于入选现代文学作品中"记叙、议论、说明的比例为7:4:5"是否合适的内容,三分之二的教师认为合适,提出异议的三分之一教师也只是认为培养"说明"能力无须比"议论"高,但没有人提出还须培养"抒情"能力。可是现在的调查告诉我们,学生最喜爱的现代文学作品是诗歌。如将A、B卷的作家调查和C、D卷的作品调查相比对,还会发现一个有趣的现象:当学生选择作家的时候,小说家、散文家往往优先,如鲁迅、冰心、朱自清、老舍、沈从文、巴金等,诗人只徐志摩一个,且处于第五的样子;可一旦选择作品,学生的注意点、兴奋点就自觉不自觉地发生移动,而转向了他们喜欢的短小的诗篇。下面是6首诗在D卷55篇作品调查中的排序,既占了前两名,又都在二十名以内,是群体性地大面积占先:

	附中	十五中	萧中	开中	平中	合计	排序
《天上的街市》(郭沫若)	2	6	8	11	27	54	17
《纸船寄母亲》(冰心)	4	5	10	28	16	63	13
《雨巷》(戴望舒)	8	11	12	7	22	60	14
《再别康桥》(徐志摩)	16	20	24	54	77	191	1
《我爱这土地》(艾青)	5	4	5	4	16	34	20
《乡愁》(余光中)	8	15	18	36	38	115	2

中学生爱诗有年龄的因素。诗歌的阅读适于自由率性、浪漫想象等青少年的天性,又与当代逐渐崇尚"个性自由"的风气相合(F卷调查5个学校中有3个学校填喜欢"个性自由"已经压倒了"爱国主义")。我们在学生回答喜欢《再别康桥》什么的答卷上,可以看到答者如何沉湎在品诗的激情中。而另一原因便是诗歌的空间适合于将思想感情的融会和文辞的锻造高度结合,适合于取得正确美妙的语感。因而我们完全可以据此把诗歌作为训练学生文字语言的重要材料。

我们建议:第一,可适当比过去多选些诗歌,尤其是高中阶段可以选些长诗(包括译诗),选择多种风格(包括现代派风格)的诗,像冯至十四行诗,卞之琳和"七月派"、"中国新诗派"的诗(不要怕学生暂时与穆旦隔膜,穆旦现在的票数较低)等。第二,采取"多读好诗而写佳文"的教学原则,将诗材作为训练学生思想感情和文字合一的重要资源。

(四) 在学生极端与包容并存的反应中改进教学

同一部作品有人喜欢有人不喜欢,是很正常的事。根据学生的反应来改进教学是基本的一条,什么时候都要坚持。我们在调查中会发现即便是最好的作家作品,也会有人投弃权或反对票。鲁迅如前所说,对徐志摩、沈从文照样有不喜欢的读者。开渠中学的D卷调查,多有直接给名篇《边城》、《雷雨》打×者。杨绛的文学地位现在不低,但在开渠中学的D卷中,对她的散文《老王》表态的是0,在同一学校的A卷调查竟出现14票否决。这未免太走极端了。由于聂绀弩的遭遇及他在杂文、诗歌两方面的才情,他的《我若为王》才进入这些年来的课本,但调查的结果《我若为王》成了倒数第二的不被接受的作品(见 D 卷)。极端的意见容易引起我们的警觉性的思考,诸如"个人性"的作品是否就一定比"社会斗争性"的文字走俏?"女性作家"冰心的作品对中学语文教学的巨大影响,是否会泽被所有的女性作家?现实讽刺果然就那样令学生厌弃?这些都是可以讨论的课题。

调查中印象尤深的是大量出现的学生的包容性立场。比如 C 卷调查《阿 Q 正传》与《围城》的结果好似两个对立面,开封、南通的城市学生都爱读《围城》,而安徽的郊区、农村学生就不看好《围城》,甚至开渠中学让 4 种作品都超过了《围城》的票数。但在实际的卷面上,我们可以看到两部作品都得到喜欢的投票。对鲁迅的包容性表现在约有五分之一的学生表示对鲁迅的作品有的喜欢,有的不喜欢。十五中 50 份 D 卷中,11 份采取这一立场:不喜欢《祝福》的,在《灯下漫笔》、《雪》上打了勾;喜欢《社戏》的,不喜欢《记念刘和珍君》;不喜欢《社戏》的,倒是喜欢《拿来主义》。而在 G 卷调查中,我们原先的设想是把"文"和"白"、"长"和"短"、"平实"和"绚丽"对立起来检测,而且以为"白"、"短"、"平实"必占优势无疑,等到一统计结果,却见附中的"文"、"白"比例竟是 19∶16,萧中的"欧化长句"、"口语短句"的比是 12∶18,平中的"平实"、"绚丽"之比是 77∶84。整体来说白话、短句是更优些,但互相包容了。问卷的回答还有些是"文"、"白"全填,"欧化长句"、"口语短句"都打钩的例子,而且绝不是凤毛麟角。这种当代的"海纳百川"的风气,正在日益蔓延。如果说"极端"的意见使人警醒,"包容"的立场就是现实性、可行性强的立场了。

我们建议:第一,现代文学入选教材应坚持多样性。各种思想、流派、风格的都可以选一些,形成一种放达、宽容又有一定原则的选文方针。第二,在中国现代白话的中学阶段学习中,自然以活泼、短小、接近生活、有生命力、富表现的语言趋势为主,但也要适当选些以欧化长句融入现代汉语运用得好的文章,平实却不僵硬、绚丽而不空泛的文章,来给学生做范例。

四、关于现代文学当代性及入选语文教材存在问题的研究

这是原来拟订的重点题目之一。课题组陈啸于2009年按计划在调查研究的基础上写出论文,题为《惨淡经营、执著追求中的隐忧——就中国现代文学的当代性与入选中学语文教材存在问题所做的三省六校调查分析》。

此文着重于"存在问题"的理论概括,共分三节。第一,以调查问卷的事例,说明以往政治性、工具性的残余仍然存在于现代文学教材之中,这是一笔沉重的遗产,需要我们不断予以廓清。第二,现代文学教材的保守性、封闭性表现在许多方面,包括眼界的狭隘,对学术界成果的隔膜,作家作品选择的偏见,在现实主义、浪漫主义作品之后对现代主义作品入选的畏首畏尾。第三,主张浑然的思想感情和文体语文均优美的选材标准。在教材各方面的比例、语文内容的示范性上应当作到尽量协调。

论文发表于2009年第5期《中国现代文学研究丛刊》,这里不再细述。

三年的时间很快过去,我们的调查和研究将告一段落。以上的报告内容还是贫瘠的,即便是面对我们的调查记录本身,我们也觉得汗颜。但我们深知,教育的问题十分复杂,中学语文教育与现代文学的关系只是其中的冰山一角。在平潮中学的补充调查问卷上,曾有学生不由自主写道:"对中学语文提点意见:文章不用选太多,有代表性的就行;讲课不用太格式化,能懂就行。"另一学生说:"教材的选择方面应多元化,但在应试教育的今天,语文,学生没有兴趣,并不是改教材、换文章就可以解决的。"当然这名学生也说了文章还是要选要学的话,但我们在被他泼了一脸凉水之后,心里热热的,不是还得坐下来研究下去吗?